基本がわかる／実践できる

Marketing Research

マーケティング リサーチ の手順と使い方

定量
調査
編

図解
&
事例

フォーカスマーケティング　　　　アスマーク

蛭川 速／吉原 慶
Hayato Hirukawa / Kei Yoshihara

日本能率協会マネジメントセンター

はじめに

　マーケティングリサーチは文字通り企業のマーケティング活動に役立てる情報の収集と研究です。そのためマーケティングリサーチを実務で展開するには、調査設計や分析手法だけでなくマーケティングの基本的な知識やスキルについても最低限身につけていることが求められます。

　したがって本書では、企業活動におけるマーケティングの概略からリサーチの設計、調査票の作成、分析レポートまで定量調査に関わる一切の内容について基本的な要素を網羅しました。

　インターネット環境の変化とデジタル機器の普及によってマーケティング環境は大きく変化し、それに伴いリサーチのあり方、プロセスも変革の最中です。AIとデジタルによる業務効率化は進展し、ほぼ全自動で集計分析できる環境は間近であるといえます。

　ただ一点だけAIやデジタルに任せておけないのは、マーケティングに対する企業の意思と探索意欲です。

　デジタルがどんなに進展しようとも、どのような価値を創造し、誰に対して提供するのかといったマーケティングのコア部分についてオートメーション化は困難です。そうした創造的な価値を作り上げるには、現状を精緻に捉え、そこからどのような意味を見出すのか、仮説設定力が重要となります。

　仮説を立てるには定性的なアプローチと定量的なアプローチの両面がありますが、本書では定量的なアプローチでいかに有効な仮説を抽出するか、そして立てた仮説がどの程度有効に受容されるのか、仮説検証について解説しています。

　本書で主に解説しているインターネットリサーチは成熟期に達しており、誰でも簡単にスピーディーに運用することが可能となっています。このようなリサーチ業界における環境変化は、企業において専任のリサーチャーを多数用意する必要性をなくし、マーケター自身がリサーチ

業務を担うという変化をもたらしています。

　そうした状況も踏まえ、本書はマーケティングリサーチの担当者だけでなくリサーチ業務に詳しくないマーケターの視点も合わせて構成しています。

　本書では基本的要素の第Ⅰ部を私蛭川が、第Ⅱ部・実践編のリサーチの設計部分～ジレンマまでについてはアスマークの吉原慶さんにご担当頂きました。加えてデジタル化の進展は目覚ましくマーケティングリサーチの分野についても同様です。最新のマーケティングリサーチ手法についても吉原さんにご尽力いただきました（蛭川担当章：第1章・第2章・第3章・第8章・第9章・Case1・Case2・Case3、吉原担当章：第4章・第5章・第6章・第7章・第10章）。

　本書がマーケティングに携わる皆様のお役に立てると嬉しく存じます。

2020年4月

　　　　　　　　　　　　　フォーカスマーケティング　蛭川速

Contents

第 Ⅰ 部　基本編

第 1 章　マーケティングリサーチの基本

第 2 章　マーケティングプロセスと仮説設定

第 3 章　マーケティングに活かす定量データ分析手法

第 **II** 部 実践編

第 **4** 章 リサーチの設計

第 **5** 章 調査票の作成

第 9 章　調査レポートの作成

第10章　最新のマーケティングリサーチ手法

第 Ⅲ 部　ケース編

Case 1　「パソコンのプロモーション施策」の探索調査

Case 2　新商品コンセプト受容性テスト

Case 3　「会社へのロイヤルティ要素」の探索調査

各章のポイント

第 Ⅰ 部　基本編

第1章　マーケティングリサーチの基本

◆ マーケティングリサーチは、対象者に対して質問を投げかける「訊く」方法と、対象者の自発的な発言に対して傾聴する「聴く」方法がある。

◆ 調査によって得られたデータは数字で表される定量データと、文章で表される定性データに大別される。定量データは集団の特徴を客観的に表現することができるが、細かい背景や要因は表現できない。定性データは具体的に表現することができるが、分析時に主観が入りやすく、調査に時間がかかる。

◆ 定量データは、数字の大小に意味のある数量データと意味のないカテゴリーデータに分類することができる。さらに、カテゴリーデータの中でも数字の大小に優劣を持たせるものと持たせないものがあるので、扱いに注意する。

第2章　マーケティングプロセスと仮説設定

◆ マーケティングプロセスは、魅力的な商品サービスを企画開発する「価値創造」のプロセスと、ターゲット顧客に対してコンセプトを効果的に伝達する「価値伝達」のプロセスに分けることができる。

◆ 価値創造プロセスは①仮説設定、②STP、③商品企画開発、となり、価値伝達プロセスは④コンセプト表現、⑤伝達媒体、⑥販売チャネル、となる。

◆ 価値創造でのマーケティングリサーチは、基本的には仮説の検証という位置づけであり、価値伝達では④コンセプト表現で仮説の検証をし、⑤でターゲット顧客の生活行動、⑥では購買実態について把握することを目指す。

◆ 潜在ニーズには、あるべき姿は見えているが諦めているものと、あるべき姿すら見えていないものとがある。潜在ニーズを見つけるためには、仮説を設定して市場を研究する必要がある。仮説設定は、①テーマ設定、②特異点の発掘、③要因背景の考察、④仮説設定、の順で行う。とりわけ②が重要。

◆ 特異点を見つけようとする前にまず初期仮説を設定し、オープンデータを検証して明らかになった知見を用いてブラッシュアップしていく。

◆ アンケート調査は訊いたことしかわからない。回収後に後悔することがないように結果を先に想定して、それに至る集計・分析方法、調査方法を設定するようにする。また、アンケートの分析計画は①Who（ターゲット）、②What（分析課題）、③How（検証方法）の3つの視点で検討する。

第3章　マーケティングに活かす定量データ分析手法

◆ 分析とは、データが何を意味するかを具体的に考えることである。定量データ分析の主な方法として、①比較分析、②トレンド分析、③相関分析がある。

◆ 比較分析は、①分類軸を選定、②差異を抽出、③知見のまとめ（差異をどう捉えるか）、というプロセスで行う。③が特に重要であり、Fact（事実）をFinding（発見）することが大事。

◆ トレンド分析は、①過去から今日に至る長期時系列のデータを分析したり、②関連のあるデータを探索して傾向を見出し、それらの関係から将来を予測する。

◆ 相関分析は、2つのデータに相関関係がみられるか探索する。相関分析をすることで、トレンドに影響を与えるデータかどうか、統計的に裏づけることができる。ExcelのCORRELという関数が便利。

◆ バイヤーエクスペリエンスサイクルで商品購入から廃棄にいたる一連のプロセスを整理し、項目ごとの満足度と総合満足度との相関関係を把握することで、思わぬ重要ポイントを見つけることができる。

◆ STPはマーケティングプロセスで最重要である。因子分析とクラスター分析を経てセグメンテーションを行い、ポジショニングのためにコレスポンデンス分析を行い、顧客が自社商品をどう位置づけているか検証する。

◆ 商品企画開発では、受容性分析、コンジョイント分析、PSM分析などの手法が用いられる。価値伝達段階で用いる分析手法には、パーチェスファネル（購買に至るまでのハードル）、U&E（購買後のリピート率）などがある。

第 II 部 実践編

第4章　リサーチ設計をしてみよう

◆ リサーチを有意義なものにするためには、「結果を踏まえて何がしたいのか」を具体的に描くことが大事。始める前に①リサーチの背景、②調査目的、③調査課題、④調査後のアクション、を整理しておく。

◆ AIDMA、AISASに加え、DECAXという「発見（Discovery）」に重きを置かれた行動モデルも出てきている。

◆ 問題解決のためには仮説が必要で、仮説を立てるためには問題意識が必要である。仮説を立てると意思決定が早くなり、問題意識も高くなる。

◆ 仮説を考えるときは、想定される問題点（現状仮説）と、想定される問題点の解決策（戦略仮説）から考えていくとよい。

◆ リサーチの際、セグメント別にサンプルサイズを決める。これを割付という。セグメントごとに同じサンプルサイズにする均等割付と、比率に合わせる割付があり、安易に均等割付を選ぶと実態と異なる結果になってしまう。

第5章　調査票を作成しよう

◆ 調査票の作成では、まず全体像を整理して論理的に設問を構成する。

◆ 質問のボリュームが多くなると回答者の負担が増えてしまい、回答が適当になってくる。回答する立場になって質問を考えるべき。

◆ 数年前まではPCで回答している人が多かったが、現在はスマホが多く、スマホで表示される大きさを意識する必要がある。

◆ 設問の順番で知識に差が出てしまうことがあるので、過去→現在→未来の順番になるように意識する。逆に、普段のこと（常態）を聞かれてもわからないことも多いので、現時点の事実（実態）から聞くようにする。

◆ 文章は短く、主語を明確にして、解釈に幅が出るような言い回しは避ける。

◆ 近時点バイアス、選択肢バイアス、順序バイアス、タイトルバイアス、社会適応性バイアスなどのバイアスが生じないように意識する。

◆ 回答方法には自由記述と選択回答があり、選択回答は目的に応じて使い分けをする必要がある。

第6章　調査の進め方：スクリーニング調査と本調査

◆ 定量調査には、スクリーニング調査と本調査の2段階がある。

◆ スクリーニング調査は、対象者を絞り込むために行う。

◆ スクリーニング調査を通過した対象者に対して本調査を行う。

◆ スクリーニング調査を通過した人をそのまま本調査に勧める予備本一気通貫型で実施する調査が多いが、通過する対象者が極端に少ない場合や、対象者の出現率が読めない場合などは2度に分けて行うこともある。

◆ 郵送調査の場合、回答期間が長いほうが回答率は高まるが、インターネット調査ではあまり関係ない。ただし、日中や平日を外した方が高くなる。

◆ 誰に何を聞くかによって主なデバイスがスマホかPCか変わってくるが、最近はスマホの比率が高まっている。

◆ アンケート画面を作成して回答者に配信する前に、自分で一度回答してみて、違和感がないか、盛り込みすぎていないかなどを確認する。

第7章　リサーチャーのジレンマ

◆ ファンマーケティングとは、不特定多数の消費者に向けて発信するのではなく、一部の熱狂的なファンとの関係づくりを目指すものである。

◆ ファンの定義は難しく、感情的なロイヤルユーザーのことを指す。そのため、もっと便利なものが現れたら乗り換える可能性がある行動ロイヤルなリピーターとは区別して考える必要がある。

◆ ファンは一過性のものではなく、長期的な関係を築く必要があり、狩猟型よりも農耕型マーケティングを意識して育成していく必要がある。

◆ ファンマーケティングでグローバルに用いるNPS（Net Promoter Score）は、批判者の比率が高く出る傾向にあり、極端な回答を避ける日本ではなじまない。それよりも継続意向をおおまかに測るNRS（Net Repeater Score）の方が適している。

◆ ロイヤルティは経済、行動、心理の3種類で測ることができる。

◆ ファンマーケティングが育ってきた背景には、マスマーケティングの限界がある。顧客の「層」ではなく、「想定顧客」を考えていくべきである。

◆ 定量調査は仮説検証、因果的、記述的調査などが主な役割であり、アイデア開発や潜在ニーズの探索をするためには、具体的な個人レベルまで深掘りしなければ成果が望めない。

第8章　集計分析とグラフ作成

- ◆ 実査が終了した後で後悔しないように、実際の調査に入る前に集計方法と分析計画を立てておくことが大事。
- ◆ 数量データは平均値、中央値、最頻値、最大値、最小値、標準偏差などの指標で算出する。
- ◆ カテゴリーデータは回答形式によって表現するグラフを変える。SA（シングルアンサー）の場合、円グラフが適切で、MA（マルチプルアンサー）の場合、棒グラフが適切。データを属性別に集計するものをクロス集計という。
- ◆ グラフには円グラフ、帯グラフ、棒グラフ、折れ線グラフなどがある。基準率を100としたり、始点が0でなかったりすると実態と異なる印象を与えてしまうことがあるので、注意を要する。
- ◆ 作成のポイントは、①大から小へ、②比較対象の視点を変える、③着目したい点に絞る、の3点である。

第9章　調査レポートの作成

- ◆ ビジネス文書は結論から先に書くのが鉄則。調査レポートも「調査概要→結論（サマリー）→詳細分析」の順番で記載するようにする。
- ◆ 調査概要は、どのような調査を行ったかわかるように、パワーポイント1枚でまとめる。
- ◆ 結論（サマリー）には仮説の検証結果を要約する。根拠にはグラフよりも顕著な数字を掲載する方がわかりやすい。
- ◆ 詳細分析には、主要項目の分析（デモグラフィック別クロス集計など）や結論を導くための分析（設問間クロス分析・相関分析・多変量解析・ニーズ構造化分析など）を記載する。
- ◆ 図表はわかりやすさを意識し、ノイズカット（余分な情報の削除）とフォーカス（伝えたい情報への誘導）に留意する。
- ◆ 同じことを表現していても、ポジティブな表現の方が採用されやすい。
- ◆ 人の視線は左から右に移動するので、グラフを左、メッセージを右にするとプレゼンシートの納得度は高まる。

- 「ジョブ理論」は、ハーバード大学のクリステンセン教授が提唱したもので、消費を単に物を買うということではなく、成し遂げたい進歩である"ジョブ"を片づけるために、特定の製品やサービスを"雇う"こととして説明するものである。人は置かれた状況によって何を"雇う"かが左右され、"ジョブ"には機能的な側面だけでなく、感情的側面、社会的側面もあるとされている。

- 未解決のジョブをあぶり出すことで、ビジネスチャンスを発見できる。

- モノの使用理由を行動から見るジョブは、表面的な欲求という意味で使われることが多いニーズや、モノに対する感情を見ていくインサイトとは文脈や解像度が異なる。

- AIの活用により、パッケージデザインの違いによる好感度調査や、表情の変化による感情解析が可能になった。

- 人によってバラバラだったり、なんとなく行われたりしていたコンセプト受容性調査の標準化をすることで、調査結果の指標を策定することが可能になった。

- 定量調査はインサイトの抽出には不向きとされていたが、定性調査の側面を持つ定量調査が登場し、インサイトを抽出できるようになった。

- ビッグデータの活用で地域ごとの消費嗜好がわかるようになったが、まずは何を知りたいのかを整理し、その上で必要な情報を取得できる手段を洗い出すことが大切。

- Tableauは初心者でも簡単に扱うことができ、複数のデータソースとの接続も可能なので、今後ビジネスパーソン必携のBIツールになると思われる。

第 I 部

基本編

第 1 章

マーケティング
リサーチの基本

●マーケティングリサーチの活用範囲は広く、企業活動のかなりの
プロセスで役立たせることができます。
●マーケティングリサーチは、アプローチによって「訊く」方法
と、「聴く」方法に大別されます。得られたデータは数字で表すこ
とのできる定量データと、文章で表すことのできる定性データがあ
ります。
●調査手法によってメリットとデメリットが異なるので、適切に使
い分けましょう。

1 » マーケティングリサーチとは

　マーケティングリサーチとはその名の通り、マーケティングのための
リサーチということです。リサーチとは研究、調査という意味ですので、
マーケティング活動を効果的に行うために対象となる顧客や市場の状況
を調べよりよく理解することと解釈できます。

　ただマーケティングといっても人によって捉え方が異なります。狭義
のマーケティングは、集客のための広告宣伝や販売促進することと認識
されています。またマーケティングリサーチすることをマーケティング
と称して使っている人もいます。間違ってはいないのですが、充分な説
明とはいえません。

　**本書ではマーケティングを「顧客ニーズを満たす商品サービスの提供
による、顧客満足獲得の一連の企業活動」**と定義しています。したがっ
て**マーケティングは、顧客のニーズを探索し新商品を企画開発する活動
から、顧客の生活導線に合った媒体を使用してその価値を伝える活動ま
でを範囲としています。**そして売ったら売りっぱなしではなく、長期的
に顧客との良好な関係を築いていくことも求められますので、**顧客との
関係性維持のための活動**も含まれます。

このように捉えると、マーケティングリサーチの活用シーンは、モノづくり（企画段階）から商品魅力の伝達（プロモーション段階）、そして顧客との関係性まで含まれることになります。本書ではモノづくりを価値創造、商品魅力の伝達を価値伝達と区分して解説していきます。

2 ≫ マーケティングリサーチの種類

マーケティングリサーチは、アプローチの違いによって分類することができます。

まずは訊くのか、聴くのかという違いです。どちらも「きく」と読みますが、意味が異なります。

「訊く」は、こちらから（知りたい人から）対象者に対して質問を投げかけて回答を得るということです。asking（アスキング）の領域です。マーケティングリサーチは、アンケート調査票を作成し対象者に回答いただく手法や、調査員が対象者に質問を投げかけてインタビューする手法があります。

それに対して「聴く」は、対象者の自発的な発言に対して傾聴するというアプローチです。listening（リスニング）の領域です。傾聴とは、単に対象者の発言を耳で捉える（聞く）だけでなく、発言時の表情や声のトーン、身振り手振りなどからその真意を捉えるということです。

グループインタビューという手法で複数名の対象者の会話の中からキーワードや重要要素を見出す手法があります。また SNS の書き込みやブログでの発言などをまとめる**ソーシャルリスニング**という手法もあります。

「訊く」、「聴く」に加えて対象者の行動（購買時の行動、使用時の行動）を観察するという手法もあります（**行動観察**）。例えば調査員がスーパーマーケットやドラッグストアなどの売場で消費者の購買行動をつぶさに観察することで情報収集する手法です。また商品を実際に使用している

シーンを観察するということも行います。

さらに仮説に対して対象者がどのような印象を受けるのか、どのような行動をとるのか、を検証する実験計画的な手法もあります。本書では、主にアンケート調査で得られた数値データと、実験計画で対象者が選択した回答データを定量的に分析する手法について解説していきます。

3 ›› 定量データと定性データ

マーケティングリサーチによって得られるデータは大きく**定量データ**と**定性データ**があります。

定量データは、一言でいうと数字で表すことができるデータです。定性データは、言語データすなわち文章で表されているデータです。最近はインターネットで動画を観ることができますので、音声や動画も定性データに含まれます。

定量データの一番のメリットは、数字として扱うことができるので、四則演算することができることです。定性データはあくまでも文章でまとめることが主眼で、定量データのように客観的に整理することはできません。そのため**定量データは集団の特徴を端的に客観的に表現できることが一番のメリットといえます。対する定性データは集団の特徴を具体的に表現できることが一番のメリットといえます。**

ただ、定性データにはデータの受け手によって解釈に幅が出てしまうというデメリットがあります。

例えば自分の体格を定量的に表現すると身長170cm、体重60kgとなります。誰でも同じようにどのくらいの身長体重かをイメージすることができます。ところが「中肉中背」という定性的な表現にするとどうでしょうか？　聞き手それぞれイメージする姿が異なるでしょう。「中肉中背」の定義が、ある人は165cm、65kgの自分の父親をイメージするかもしれないし、ある人は友人の175cm、55kgをイメージするかもし

れません。このように定量データは対象の特徴を客観的に把握するのに非常に便利なデータといえます。

　もちろんデメリットもあります。定性データは文章で記載されたデータですので対象の状況をより詳細に具体的に語ることができますが、**定量データは細かな状況や、データの裏に潜んだ要因や背景については知ることはできません**。そうしたデータは言語データである定性データの方が向いているのです。

　そしてコスト面については、**定量データは1票あたりのコストが安く、定性データは高いことが一般的です**。また収集スピードも定量データは速く、定性データは時間がかかるという特徴があります。そのために定量データは一度に大量のデータを収集することが可能です。例えば本書で扱っているインターネットリサーチは1日で、1000人単位でアンケート回答データを収集できます。

　大量データを短期間で収集できるので、定量データは、仮説検証に向いているといえます。それは**大数の法則**が当てはまるからです。

　大数の法則とは、一言でいうと「大量のデータを集めれば信ぴょう性が高まる」ということです。例えば20代男性の朝食欠食率を調べるために10人中6人が欠食しているという結果が得られたとします。皆さんはどのように判断しますか？　10人ではたまたま欠食率が高い集団に聞いてしまったからだと思う人が多いのではないでしょうか。誤差やブレが大きいと感じますよね。しかし同じアンケートを1000人に聞いて得られた欠食率68％は信頼できるデータと感覚的に納得できるでしょう。

　一方で定性データは、コストや時間がかかるので、結果として少数のデータで判断することになります。仮説検証というよりも要因の探索や背景の聴取に向いているデータといえます。

　定性データ、定量データのメリットデメリットを理解した上でデータを活用していきましょう。

4 ›› 数量データとカテゴリーデータ

　定量データは、数字の大小に意味のある数量データと、意味のないカテゴリーデータに分類されます。例えば身長は数字が大きくなるほど背が高いということを意味していますので、数量データです。対して専業主婦を１、有職主婦（パート勤務）を２、有職主婦（フルタイム）を３、独身女性を４とした場合に数字の大小に意味はありません。４の独身女性は、２有職主婦の２倍大きいとか、２倍時間があるということを意味しているわけではありません。集団を特定するために便宜的に番号をつけているだけです。**こうしたカテゴリーデータには、数字の大小が優劣を意味するものがあります。**満足度調査では、商品や企業に対する満足度を、以下のようなカテゴリーデータを使って測定しています。

1. 大変満足している
2. 満足している
3. どちらともいえない
4. 不満である
5. 大変不満である

　この例では、数字が小さい程、満足度合いが高まるということを示し

図表 1-1　数量データとカテゴリーデータ

	数量データ	カテゴリーデータ	
		優劣の意味のないもの	優劣の意味のあるもの
大小の意味	あり	なし	あり
集計の方法	平均値など	構成比	構成比 数値を置き換えた 平均値
合計の計算	可能	不可能 （意味なし）	不可能 （意味なし）

ています。

　それぞれの特徴を図表 1-1 にまとめました。優劣の意味のあるカテゴリーデータは単純に平均値を算出するとわかりにくい場合がありますので、数値を置き換えて平均値を算出します（図表 1-2）。

図表 1-2　カテゴリーデータを数値に置換

	回答数	置換	得点計 (回答数×置換数値)
１．大変満足している	12	2	24
２．満足している	6	1	6
３．どちらともいえない	5	0	0
４．不満である	5	− 1	− 5
５．大変不満である	2	− 2	− 4
合　計	30	－	21
		置換平均値	0.7

　単純に「大変満足している」を 1 点、「満足している」を 2 点として平均点を算出すると、数値が大きい程不満が高まるとなってしまいますので少し混乱しますので、数値を反転させて平均値を算出します。

　置き替える数値は、上図のように、ポジティブな回答を正の値、ネガティブな回答を負の値とすると、平均値が正の値であればポジティブな結果であるということが一目でわかります。

　単純に反転させる手法もあります。大変満足を 5 点、満足を 4 点……いずれでも設計担当者が決めればよいのですが、置換する数値は各回答を等間隔にすることだけ留意しておいてください。

5 ›› 各種調査手法のメリットとデメリット

マーケティングリサーチは、主に定量データを収集する調査手法と、定性データを収集する調査方法に分けることができます。主な調査手法として、以下のものがあります（図表 1-3）。

♦ 主に定量データを収集する調査手法

①CLT（セントラルロケーションテスト）

回答者をリクルーティングして会議室などの会場に集め、アンケートに回答いただく手法です。 食品の新商品に対するアンケート調査で食べてもらった感想を得ることや、動画 CM を視聴してもらって評価を得ることができます。インターネット調査と異なり、調査資料を回収することができるので、**情報漏洩のリスクを低減できるのがメリットです。**

②訪問面接調査

調査員があらかじめ設定した調査対象者の自宅や職場へ訪問し、調査員の面接によってアンケート調査を行う方法です。

③留置調査

調査員があらかじめ設定した調査対象者の自宅や職場へ訪問し、アンケート票を預けて後日回収する手法です。

④インターネットリサーチ

リサーチ会社の調査パネルに対して、条件に合った対象者に Web 上でアンケートに回答してもらう手法で、**短時間で安価に行うことができるのが特徴です。**

⑤FAX 調査

調査パネルに対して FAX でアンケート調査の発送と回収を行う手法です。

⑥電話調査

ランダムに電話をかけ、その場で調査協力を得て質問に回答いただく

手法です。

⑦HUT（ホームユーステスト）

商品を自宅で使用してもらい、使い勝手や効果をアンケートで回答してもらいます。**化粧品やシャンプーなどある程度継続して使用しないと評価できない商品のパフォーマンス（効果）を測定する場合に有効です。**

♦ 主に定性データを収集する調査手法

①グループインタビュー

事前に対象者を選定し（リクルーティング）専用のグループインタビュールームで特定のテーマについて複数人（5人～8人程度）でディスカッションする調査手法です。

②ダイレクトインタビュー

事前にリクルーティングした対象者にマンツーマンでインタビューを行う調査手法です。

③観察調査

調査員が対象者の購入状況や使用状況を観察することで情報を収集する手法です。

図表 1-3　主な調査手法

	長所	短所
CLT（セントラルロケーションテスト）	・対象者のスクリーニング（絞り込み・選別）が厳密にできる ・豊富なマテリアル（調査資料）を提示できる ・実施条件を厳密にコントロールできる ・対象者個々人に合わせてインタビューも追加することができる	・会場の設営にノウハウが必要 ・テスト会場を広域に設定することが難しい ・競合の介入を避ける工夫が必要である ・対象者のリクルーティングが難しい ・調査オペレーションの運営には専門性が必要である
訪問面接調査	・設定した対象者本人に質問することができる ・対象者のいる場所に出向くので、事業所（B to B）調査に向いている ・対象者がほかの人と相談したり、調べたりすることができないので回答精度が高まる ・調査員による質問なので、誤回答を防げる	・調査に時間とコストがかかる ・調査員の訓練が必要である ・サンプルを広域に散在させて抽出するとコストがかかる ・プライバシーに関わる調査が難しい ・調査対象者の負担が大きい ・調査員の管理が困難で不正の危険性がある
留置調査	・日記調査やHUTでよく行われる ・対象者をあまり拘束しない ・協力度は訪問面接よりやや高い	・サンプルを広域から抽出するとコストがかかる ・調査対象者の負担が大きい ・調査員の管理が困難で不正の危険性がある
インターネットリサーチ	・調査時間が短い ・調査費用が安価 ・対象者が広域でも実施可能 ・調査員への指示や点検、回収の手間が不要 ・特殊な対象者への調査も可能 ・画像やデザインを閲覧させられる ・動画視聴も可能である ・データ入力の手間が不要	・代理回答が起こりうる ・本で調べたり、ほかの人に聞いたりする恐れがあるので、記憶や知識を尋ねる調査には不向きである ・回収率は約20％程度と低い ・コンピュータ・リテラシーのない人の協力は得づらい ・画像コピーが可能なので、極秘情報を映すことができない

FAX調査	・調査時間が短い ・調査費用が安価 ・イラストや写真を送ることが可能	・調査票のボリュームはあまり大きくできない ・複雑な構造の質問や選択肢が多い質問には不適 ・FAXパネルの場合は対象者が調査慣れする
電話調査	・広域での調査がしやすい ・事業所調査に適している ・調査コストが安い ・短期間で調査が終わる ・実査が中央管理できる	・対象者を特定できない ・手短な調査しかできない ・選択肢が多い質問の場合は不適 ・絵、写真、カード、現品を見せることができない ・回答者が在宅・在宅率の高い属性に偏る ・回収率は低い
HUT （ホームユーステスト）	・長期間の商品試用を必要とする調査ができる ・日記式にする事で長期間の行動記録がとれる ・商品を使用したナマの意見を得られる	・時間とコストがかかる ・発売前の新製品の場合、情報漏洩リスクがある
グループインタビュー	・様々なマテリアル（調査資料）を提示できる ・質問内容を臨機応変に変更可能 ・発言者の生の声が聞け、表情も観察できる ・個々の対象者に合ったインタビューができる ・参加者相互の刺激により、新しい発想が期待できる ・座談会後すぐに評価検討できる	・対象者1人当たりのコストが高い ・結果としてサンプルサイズが小さくなるがちで、調査結果を母集団に一般化できない ・発言量や質が、モデレータの力量に左右される ・報告書の質が、分析者の力量に左右されやすい
ダイレクトインタビュー	・設定した対象者本人に質問することができる ・対象者が他の人と相談したり、調べたりすることができない ・設問説明によって、対象者の誤解をかなり防げる ・調査員（インタビュア）と回答者が1対1なので要因を細かく深く探索することができる	・調査に時間とコストがかかる ・調査員の訓練が必要である ・サンプルを広域に散在させて抽出するとコストがかかる ・プライバシーに関わる調査が難しい ・調査対象者の負担が大きい ・調査員の管理が困難で不正の危険性がある

観察調査	・対象者の自発的、自然な行動を把握できる ・マーケットの現場に飛び込んで新商品／新サービスのアイデアを探するのに役立つ ・具体的、詳細な情報が得られる	・調査員にマーケターとしてのセンスがないと何の発見も得られない ・調査結果を一般化しづらい ・定性的な情報なのでコード化しづらい

第 **2** 章

マーケティングプロセスと
仮説設定

●基本的なマーケティングプロセスは、対象者に対して魅力的な商品サービスを企画開発する「価値創造」のプロセスと、ターゲット顧客に対してコンセプトを効果的に伝達することでパフォーマンスを最大化する「価値伝達」プロセスに分けることができます。

●マーケティングプロセスごとに対応するリサーチ手法がありますが、それですぐに正解にたどり着けるわけではなく、考察力が必要だということを念頭に置いて調査にあたらなければなりません。

●似たような商品から脱却するには、潜在ニーズを発掘することが大事であり、そのためには仮説を立てて調査すべきです。

●仮説の設定は、①テーマ設定、②特異点の発掘、③要因背景の考察、④仮説設定の順番で行い、特に②が重要です。

●まずは初期仮説を設定し、オープンデータで検証して明らかになった知見を用いてブラッシュアップしていきます。

●アンケート調査では、結果を先に想定して、それに至る集計・分析方法、調査方法を考えるようにしましょう。

1 » オーソドックスなマーケティングプロセス

　昨今、デジタルマーケティングの活用領域が広がっていますが、マーケティングの根本は変わりません。本書ではマーケティングを商品サービスの価値創造と、それをターゲットに対して効果的に伝える価値伝達活動とに分けて見ていきます。マーケティングリサーチはマーケティング活動のための情報収集手法ですので、まずはオーソドックスなマーケティングのプロセスについて解説していきたいと思います。

◆ 価値創造のプロセス

　価値創造プロセスとは、対象者に対して魅力的な商品サービスを企画

開発するプロセスのことです。

　その構成要素は、①現状分析よるテーマ（仮説）設定、② STP、③商品（サービス）企画開発となります。

　①の現状分析によるテーマ（仮説）設定は、事業領域である対象市場において、自社の技術や経営資源を活用しうる領域やテーマを探索する活動です。対象市場全体を概観する要素として、市場規模の推移、顧客の状況、プレイヤー（商品サービスの提供者）という３つの視点から市場の状況を捉え、課題を抽出します。具体的には、顧客をめぐる環境変化と、そこから派生するニーズの探索ということになります。

　例えば現在の食品業界では、共働き世帯の増加が大きな環境変化です。かつては家庭の食事をつくってきた妻の調理時間が短くなっているということがニーズを捉える上でのキーポイントということになります。

　働きながら毎日の食事を準備しなければならず、食材をまとめ買いする妻もいれば、夫が食事を用意することも考えられます。調理時間だけでなく片づけを含めた時間短縮にもニーズがあるかもしれません。

　市場を巡る環境変化を適切に捉え、新しい価値を創出するにあたって大まかな方向性を立てるのです。

　② STP では、対象となる顧客に、自社商品サービスをどのような認識を持ってもらうかを検討するプロセスです。

　STP は、セグメンテーション（Segmentation）、ターゲティング（Targeting）、ポジショニング（Positioning）の頭文字をとったもので、マーケティングの最重要なプロセスです。中でもポジショニングは、商品がヒットするかどうか成否を分ける重要なプロセスです。

　現代は市場に多くのモノが溢れているデフレ時代です。お客様に自社商品サービスを選んでいただくには、他社商品サービスとの違いがなければなりません。

　○○商品（当該商品）は△△という特徴を持った商品なのね、××という場合には○○がいいね、などと顧客が求める状況と商品の特徴が合致するようにコンセプトを構築しておく必要があります。例えば暑い8

月には汗をたくさんかくので、通気性がよく速乾性の高いアンダーウエアが欲しいという状況において、ユニクロの「AIRism（エアリズム）」が頭に浮かぶという状況です。

　効果的なポジショニングを得るにはターゲットを絞り込むことが有効で、そのために顧客を適切に分類するセグメンテーションを行います。

　③商品サービスの企画開発では、ポジショニングを実現するためにどのような商品特性（品質や機能）とするのか、そして価格をいくらに設定するのか検討していきます。重要なのはターゲットの特性を捉えて、ターゲットに受容される品質や機能、価格を仮説として設定することです。

　保有する技術や得意分野を活かすということが先ではなく、あくまでも顧客の望む機能を優先することです。

◆ 価値伝達のプロセス

　価値伝達プロセスとは、ターゲット顧客に対してコンセプト（商品やブランドのコンセプト）を効果的に伝達することでパフォーマンスを最大化するプロセスのことです。具体的には④コンセプト表現、⑤伝達媒体、⑥販売チャネルとなります。

　④コンセプトの表現方法を検討するには、まずはターゲットの状況をしっかりと捉えることが必要です。どんな生活スタイルなのか、どんな情報収集をしているのか、どんなことに関心があって、消費スタイルはどんなものなのか、などについてしっかりと把握することです。その上で潜在ニーズを捉えるワーディングを検討することがポイントです。いくつかある商品特徴の中からターゲットの琴線に触れるキーワードは何か、どのような言い回し（表現方法）とすべきかを熟考するのです。その際、意識するべき点が**インサイト**です。「商品購入のホットボタン」という意味のマーケティング用語です。どのような表現内容が顧客のホットボタンを押すのかという観点で仕上げていきましょう。

　⑤伝達媒体とは、広告、販売促進を含めて、ターゲットの生活導線に沿った媒体を選定することです。

　10代男女は、ほとんどテレビを見ません。ターゲットが男子高校生であればSNS広告やYouTube広告の方が生活導線に沿った媒体といえます。ターゲット顧客の生活導線と自社との接点を探って、価値伝達が可能となる媒体を選定していきます。

　⑥販売チャネルを検討するとは、顧客に対して、商品サービスをどのように届けるか、ということです。リアルのチャネルと、e コマースも含めてターゲットの購買範囲に合致した適切なチャネルを選定することが望まれます。販売チャネルは自社とは別資源となることが多いので、なかなかこちらの思う通りに動いてくれないことがあります。販売チャネルとの協働取組による販売促進が有効となります。そのためには販売チャネルの抱えている業務上の課題を解決する方策を検討することでwin-win の関係を構築していきます。

2 ≫ マーケティングにおける仮説とは

◆ 潜在ニーズを抽出することの重要性

　デフレ時代のわが国において、モノ（商品）やサービスは市場に溢れています。極端にいえば売場には似たような商品だらけです。このような時代では、顧客の顕在ニーズにだけ対応していたのでは他社商品サービスとの違いを打ち出すことは困難です。**すでに顧客が認識している顕在ニーズではなく、顧客自身が気づいていないこと、もしくはあきらめている潜在ニーズに着目することで差別化が可能となります。**

　商品の提供サイドでは顧客が潜在的に抱えているニーズを仮説ベースで探索していくことが重要なのです。

　2019 年のヒット商品として話題になっている「ルックプラス　バスタブクレンジング」があります。共働き世帯が増加する現代において風呂掃除は大きな手間です。その手間を少しでも解消する商品として、バス

タブをこすらずに洗えるという使い勝手の良さがヒットに結びついたのです。これなどは潜在ニーズの良いお手本です。バスタブをスポンジでこすりながら洗うという方法は一般化しており、それゆえに腰痛の原因となり、面倒臭さの要因にもなっています。誰しもバスタブをこすらずに洗いたいというニーズは潜在的にはもっているものの、バスタブをこするという行為は当たり前であり、常識として「あきらめていたニーズ」に他ならないのです。TVCMや商品のパッケージで「こすらなくていい」ということに響いて爆発的なヒットになったのです。

またセンサー機器大手のキーエンスでは、営業担当者が、顧客企業の工場内で生産ラインをじっくりと観察し、「もっとこうしたら生産効率が良くなる」という顧客企業が気づかないような潜在ニーズを見つけ出します。そして潜在ニーズを解決する商品を企画開発し同様の悩みを持つ顧客企業へ展開していくことで、大きな需要を創出し売上に繋げています。同社は、顕在ニーズでは競合他社と差別化できず、無用な価格競争に巻き込まれてしまうと考え、顧客があきらめていることや、思いもよらない潜在ニーズの抽出を営業担当者に義務づけているのです。

このようにBtoCでもBtoBにおいても現代のマーケティングを展開する上で潜在ニーズは非常に重要です。潜在ニーズは、その名の通り隠れていて表出しませんので、あくまで仮説です。潜在ニーズを仮説として設定するには現状分析とリサーチによって探索することができます。

◆ ニーズの基本構造

ニーズは図表2-1のように現状とあるべき姿（ありたい姿）との差異（ギャップ）と捉えることができます。現状に何らかの不都合が生じている時にそれを取り除きたいと思う欲求がニーズです。（あるべき姿が）満たされていない欠乏している状態といえます。

潜在ニーズには2つのパターンがあります。

パターン1は、あるべき姿が見えており、不満には感じているが、あきらめてしまっているニーズです。あるべき姿と現状のギャップを埋

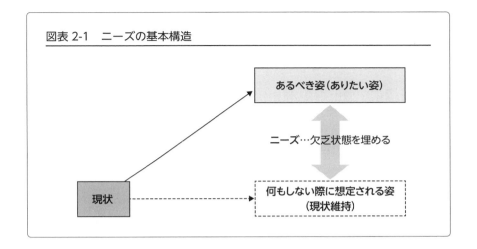

図表 2-1　ニーズの基本構造

あるべき姿（ありたい姿）

ニーズ…欠乏状態を埋める

現状

何もしない際に想定される姿
（現状維持）

めたいと思っていても、それはそういうものだとあきらめているのです。

　前述のバスタブのこすり洗いや、液晶プロジェクターの映写距離の問題などが該当します。ある商品を使用する際に、なんらかの不満を感じているが、「それはそういうものだ」と顧客が我慢していることです。

　パターン1の潜在ニーズを抽出するには、顧客の立場であるべき姿を仮説として立てて、アンケート調査で検証していくことで仮説の精度を高めていくことができます。

　パターン2は、顧客自身にあるべき姿すら見えていない状況で気づいていないニーズです。例えば保険会社は、TVCM などでまさかの事故にあった時の状況をイメージさせて、すぐに対応してくれる自社の対応力を差別化要素として訴求しています。事故が起こった時にはどのような事態になるのか、何をしなければならないのかがイメージできていない人がほとんどです。まずはあるべき姿を提示してニーズを掘り起こすことが必要です。IT による革新的な商品も同様です。スマートグラスという眼鏡の画面上に画像が浮かび上がってくるものです。誰もそのような眼鏡型パソコンが欲しいとは考えていません。スマートグラスがあれば、ながらスマホの心配はありません。様々な情報を視線上に移す

というあるべき姿を開発することが求められるのです。

　パターン２の潜在ニーズの抽出には、顧客の状況（商品の使用シーンや購入シーン）を把握して、あるべき姿を類推していくことが必要です。

◆ なぜ仮説が重要なのか

　いずれのパターンも直接顧客に訊いても潜在ニーズを抽出することはできません。顧客の声を訊いても革新的なアイデアは出てこないということです。これがマーケティングリサーチの限界とも、無効力性ともいわれるゆえんです。

　ですが、潜在ニーズの抽出や、開発のためのヒントを得ることはできます。また商品化する前に（市場展開する前に）コンセプトを検証し、ブラッシュアップすることもできます。

　ですからアンケート調査の大きな目的は、顧客の現状把握と仮説検証ということになるのです（図表2-2）。

　そして価値ある潜在ニーズを抽出するのには、精度の高い仮説をたてることが求められます。

　仮説にはターゲットや商品を巡る現状に関する仮説（**現状仮説**）と、現状仮説を踏まえてどのように対応すべきかを発想する**戦略仮説**があります。現状仮説にはさらに**状況仮説**と**ニーズ仮説**があります。

図表 2-2　ニーズとマーケティングリサーチ

	定量調査の活用領域	定性調査の活用領域
パターン１ （あきらめている）	あきらめている状況について検証（業界の常識的な事項を洗い出し、市場規模を測定する）	あきらめている要因の探索
パターン２ （気づいていない）	商品の使用頻度や購買時点の現状を定量的に把握することで生活者が望んでいるあるべき姿を類推する	現状に対する不満点や不足に感じていることを徹底的に聞き出す

【現状仮説】

●状況仮説：「○○の状態で〜している」といった、顧客の現状を示している仮説です。

　「バスタブをこすり洗いしているが、腰をかがめて洗っているので腰痛に悩まされている人が多い」といった仮説です。

　状況仮説を設定するには、現状把握のためのアンケート調査や観察調査が適切です。

●ニーズ仮説：〜したい、〜欲しい、〜ありたい、と表現される仮説です。

　「キャッシュレス決済をすることが多く、多くの現金を持ち歩くことがないので、コンパクトな財布が欲しい」といった仮説です。

【戦略仮説】

マーケティングプロセス（33ページ）の②STP以降のプロセスで、①現状分析によるテーマ（仮説）設定で導き出された、企業による現状の課題解決策に関わる仮説を指します。

②STP仮説：ターゲット顧客と、訴求すべき自社商品の認識についての仮説となります。誰に対してどのような商品サービスの特徴を認識させるべきか、という仮説になります。

③商品（サービス）企画開発における仮説：どのような機能や特徴を有した商品であればターゲット顧客のニーズを解消できるか、という仮説になります。

④コンセプト表現：どのようなコピーやワーディングであればターゲット顧客の認知、興味を高めることができるか、という仮説になります。

⑤伝達媒体：どの媒体を使用すれば顧客の認知や理解を高めることができるか、という仮説になります。

⑥販売チャネル：ターゲットに対して、どのチャネルであれば購買率を高められるか、という仮説になります。

3 ›› 仮説設定の基本プロセス

　前述した通り、仮説は、顧客に直接訊いて得られるものではありません。対象とする市場をじっくりと研究し、商品サービスを提供する側で考えに考え抜くことが求められます。なかなか難しい作業ですが、プロセス化すると以下のようになります（図表 2-3）。

①テーマ設定

　どのようなニーズに対して解決策を提示するのか、商品カテゴリーや対象市場を設定するプロセスです。ゼロベース思考で既存の枠組みや専門知識をいったん除けて柔軟に設定することがポイントです。

②特異点の発掘

　対象市場の情報を収集し、特徴的な事象を発掘するプロセスです。前年増加率が異常に高いサブカテゴリーや、他の集団と比較して高い消費量のセグメントなどです。

③要因・背景の考察

　特異点がおこる要因や背景について考察していきます。

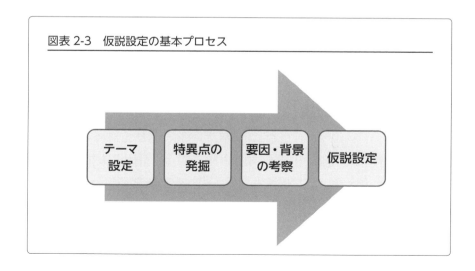

図表 2-3　仮説設定の基本プロセス

④**仮説設定**

　ターゲットの状況仮説やニーズ仮説について設定していきます。

　最も重要なのは、特異点の発掘です。通常とは違う、他者との違いがある事象を見出していくのです。そのためには現状をしっかりと認識することが大事なポイントとなります。

4 » オープンデータから仮説を設定する

◆ オープンデータを収集する

　顧客や市場の現状を把握するには、アンケート調査によって把握することができますが、インターネットの進展している現在では、アンケート調査を実施する前にオープンデータを収集してある程度仮説を立ててから実施することが有効です。

　図表2-4を参考に情報を集め、特異点の要因や背景を考察しましょう。テーマは、「国内自動車の販売増加施策を考える」としましょう。特異点は、「20代若者のクルマ離れ」とします。ひと昔前よりも若者が自動車を購入しなくなってきています。その要因や背景を探索することで販売台数を増加させる施策を考えようというアプローチです。

　特異点をもたらす要因や背景を考察するには、インターネット上のオープンデータをフル活用していきます。**インターネットを使って情報収集する時のポイントは、いきなりネット検索から始めないということです。**Googleで検索すればたいていの事柄については検索結果が瞬時に出てきますが、その前に頭の中にある「考え」を整理するのです。

　やみくもに検索するのは、無駄な労力と、焦点の絞れない結論を導くだけです。まずは初期仮説を設定し、初期仮説を検証するという位置づけでWeb検索していきます。

図表 2-4　主なオープンデータ

政府統計	総務省統計局は、国の統計の中枢機関として、国勢調査を始め国勢の基本に関する統計の企画・作成・提供、国の統計全体の企画及び横断的な調整を行っている。e-Stat（https://www.e-stat.go.jp/）には国勢調査、経済センサス、人口推計、労働力調査、家計調査、消費者物価指数などが網羅されている。
国立国会図書館	国内で発行された全ての出版物が、納入されている。雑誌のバックナンバーや、研究論文を入手するのにも役立つ。
民間の研究機関・組織	業界トップ企業は商品カテゴリー全体の統計情報を公開していることが多い。ベネッセ教育総合研究所で小学生から高校、大学に至るまで子供と親の意識の変化についてトラッキングしている。 業界団体や関連する研究機関は、業界全般や加盟会社の詳細なデータブックや調査レポートを閲覧することができる。
MDB（マーケティング・データ・バンク）	日本能率協会総合研究所が運営している。公開情報の収集から業界調査や、マーケティングリサーチまで幅広く情報をカバー。年会費が必要。
日経テレコン	日経4紙のほか主要新聞の記事が検索できる。日本経済新聞社系列の雑誌や週刊東洋経済、週刊ダイヤモンドなどのビジネス雑誌の記事も閲覧範囲。月間利用料がかかる。
ネットリサーチ会社	ネットリサーチ会社の販促目的であることが多いが、社会情勢やトレンド情報について独自調査を実施、タイムリーな情報を入手できる。無料なものと有料なものがある。

◆ 初期仮説

　私は「20代若者のクルマ離れ」の現状として3つの仮説を立てました。
　　①車を買うおカネがない
　　②車が必要ない生活をしている
　　③車に興味がない

◆ 初期仮説の検証のためのオープンデータの収集

①車を買うおカネがない

　国交省の国民意識調査から、車を保有しない理由を探索することがで

きました（図表2-5）。これによると20代30代は、40〜60代と比較すると イニシャル、ランニングコストともに高いことが、車を保有しない理由であることがわかります。若者はコストがネックになっているということです。

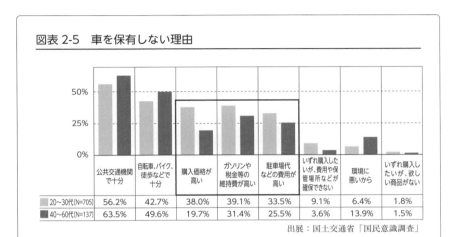

図表 2-5　車を保有しない理由

	公共交通機関で十分	自転車、バイク、徒歩などで十分	購入価格が高い	ガソリンや税金等の維持費が高い	駐車場代などの費用が高い	いずれ購入したいが、費用や保管場所などが確保できない	環境に悪いから	いずれ購入したいが、欲しい商品がない
20〜30代 [N=705]	56.2%	42.7%	38.0%	39.1%	33.5%	9.1%	6.4%	1.8%
40〜60代 [N=137]	63.5%	49.6%	19.7%	31.4%	25.5%	3.6%	13.9%	1.5%

出展：国土交通省「国民意識調査」

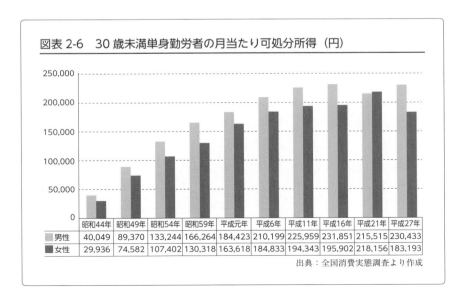

図表 2-6　30歳未満単身勤労者の月当たり可処分所得（円）

	昭和44年	昭和49年	昭和54年	昭和59年	平成元年	平成6年	平成11年	平成16年	平成21年	平成27年
男性	40,049	89,370	133,244	166,264	184,423	210,199	225,959	231,851	215,515	230,433
女性	29,936	74,582	107,402	130,318	163,618	184,833	194,343	195,902	218,156	183,193

出典：全国消費実態調査より作成

次に収入面の検証をしていきます。総務省の実施する全国消費実態調査によると、平成27年の30歳未満男性の可処分所得は、約23万円と、バブル期の平成元年（18万4千円）と比較すると4万6千円ほど高いことがわかります。女性も男性ほどではないですが、2万円程増加しています（図表2-6）。

　どうやらおカネがないという仮説は誤りのようです。おそらくおカネの使い方が変化してきているのでしょう。

　博報堂の生活定点調査の中に「現在お金をかけているもの」についての設問があります。1992年と比較すると、2018年は車にかけるお金が男女とも大幅に縮小していることがわかります。代わりに通信にかけるお金（携帯電話・ネット）が高い比率を示しています。加えて男性は趣味、女性は美容にかけるお金が高い比率となっています（図表2-7）。

　また交際にかけるお金が男女とも減少している点も注目ポイントです。交際にかけるお金を使わないということは外出が減り、クルマ利用機会の減少にもつながっていると考えることができます。

　要するに絶対額としてお金がないのではなく、ライフスタイルの変化によってお金の使い方が変化してきたということのようです。

②車が必要ない生活をしている

　前述の交際にかけるお金を使わないということと関連して、外出する機会そのものが減少しているようです（図表2-8）。

　外出率が減少すれば、移動手段としての車の必要性は低減してきます。

　友人とのコミュニケーションはどうなっているのでしょうか？　SNSの普及がカギになってきていることが想定できます（図表2-9）。

　公共交通機関の利用率の高まりも要因のようです（図表2-10）。

③車に興味がない

　若者の趣味としてのドライブ人気は、見事なまでに右肩下がりで低減しています（図表2-11）。

　代わりにCD・スマホによる音楽鑑賞や、テレビゲーム・パソコンゲームなどのインドアの趣味が人気です（図表2-12）。

第2章　マーケティングプロセスと仮説設定

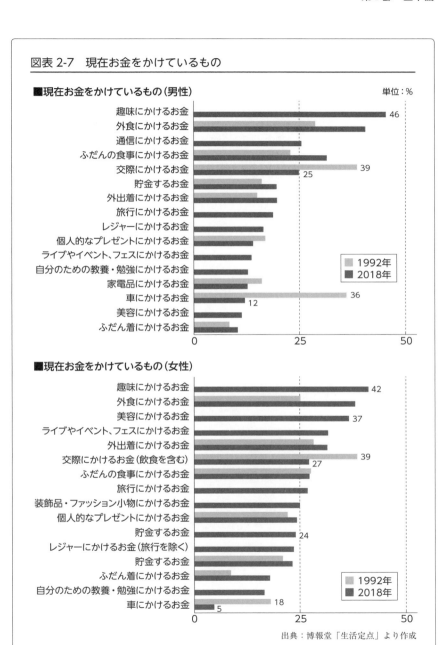

図表 2-7　現在お金をかけているもの

■現在お金をかけているもの（男性）　単位：％

趣味にかけるお金 46
外食にかけるお金
通信にかけるお金
ふだんの食事にかけるお金
交際にかけるお金 39／25
貯金するお金
外出着にかけるお金
旅行にかけるお金
レジャーにかけるお金
個人的なプレゼントにかけるお金
ライブやイベント、フェスにかけるお金
自分のための教養・勉強にかけるお金
家電品にかけるお金
車にかけるお金 36／12
美容にかけるお金
ふだん着にかけるお金

1992年／2018年

■現在お金をかけているもの（女性）

趣味にかけるお金 42
外食にかけるお金
美容にかけるお金 37
ライブやイベント、フェスにかけるお金
外出着にかけるお金
交際にかけるお金（飲食を含む）39／27
ふだんの食事にかけるお金
旅行にかけるお金
装飾品・ファッション小物にかけるお金
個人的なプレゼントにかけるお金
貯金するお金 24
レジャーにかけるお金（旅行を除く）
貯金するお金
ふだん着にかけるお金
自分のための教養・勉強にかけるお金
車にかけるお金 18／5

1992年／2018年

出典：博報堂「生活定点」より作成

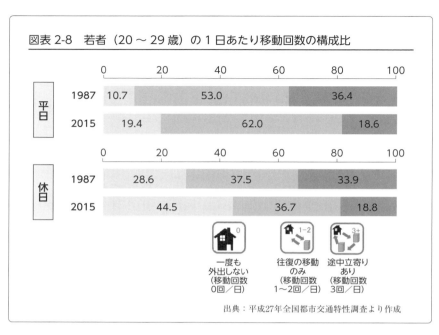

図表 2-8　若者（20 〜 29 歳）の 1 日あたり移動回数の構成比

出典：平成27年全国都市交通特性調査より作成

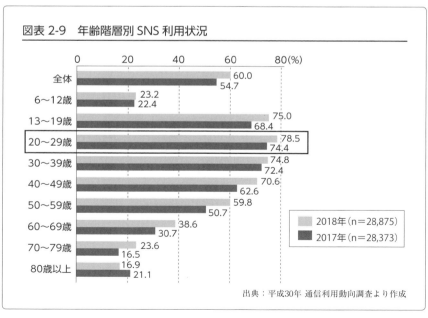

図表 2-9　年齢階層別 SNS 利用状況

出典：平成30年 通信利用動向調査より作成

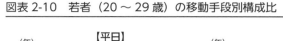

図表 2-10　若者（20 ～ 29 歳）の移動手段別構成比

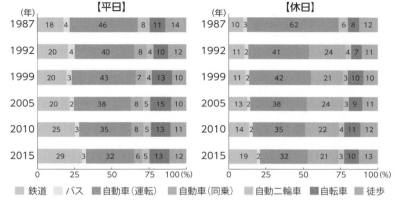

出典：平成27年全国都市交通特性調査より作成

図表 2-11　よくする趣味・スポーツがドライブだという人の比率（単位：%）

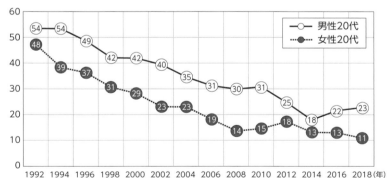

出典：博報堂「生活定点」より作成

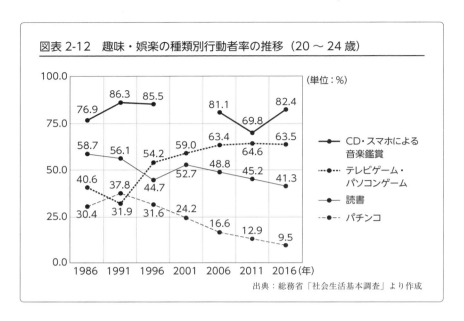

図表 2-12　趣味・娯楽の種類別行動者率の推移（20 〜 24 歳）

（単位：%）

- CD・スマホによる音楽鑑賞
- テレビゲーム・パソコンゲーム
- 読書
- パチンコ

出典：総務省「社会生活基本調査」より作成

◆ 仮説のブラッシュアップ

　「20 代若者のクルマ離れ」についての初期仮説を設定し、それをオープンデータで検証して明らかになった知見を用いて仮説をブラッシュアップしていきます。

　①SNS によってリアルでのコミュニケーション機会が減少した。

　②屋外よりもゲームなど室内で過ごす時間が多く、自動車の必要性が低減してきている。

　③結果として自動車に費やすお金が相対的に減少し、自動車保有率が減少した。

　このように、頭の中にある知見を初期仮説として文字に起こし、統計データで検証することでより精度の高い仮説にすることができるのです。

5» アンケート調査による仮説の検証方法

◆ アンケート調査でわかることの限界

　オープンデータによって設定した仮説を、アンケート調査によって検証していきます。この際に気をつけなくてはならないのは、時間軸と思考プロセスの関係です。

　調査プロセスを時間軸で捉えると、①調査を設計する、②集計分析を行う、③考察し結論を出す、という手順になります。一見全く異論のないプロセスのようですが、この手順で進めると、このアンケート調査は間違いなく失敗します。

　それは、「アンケート調査は訊いたことしかわからない」からです。調査が終わって集計分析すると様々な気づきがあります。「あれも聞いておけばよかった」、「こう聞かないと分析しにくいなぁ」などです。こういった気づきは、残念ながら後の祭りです。

　実際の思考プロセスは逆にしなくては上手くいきません（図表 2-13）。

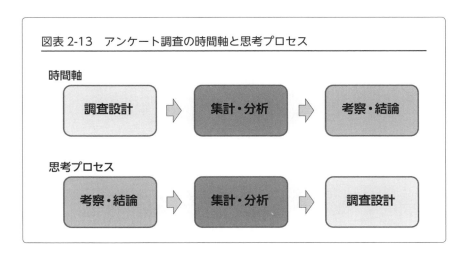

図表 2-13　アンケート調査の時間軸と思考プロセス

時間軸

| 調査設計 | ⇨ | 集計・分析 | ⇨ | 考察・結論 |

思考プロセス

| 考察・結論 | ⇨ | 集計・分析 | ⇨ | 調査設計 |

アスキングとしての定量調査は、現状把握と仮説検証が大きな目的ということは前述しました。仮説検証のアンケート調査は、まず結論や考察結果を先に考えます。仮説通りなのかそうでないのか、ということを検証するのです。その上で仮説をしっかりと検証できる集計方法や分析方法を検討します。そして調査設計に入るのです。より具体的には

①仮説設定（オープンデータから）

②調査で明らかにしたい結論の整理

③集計方法、分析方法の検討

④調査方法、対象者などの調査設計

⑤調査票の作成

となります。アンケート調査は宝探しではありません。適当に質問を設定しておけば、お宝に巡り会えるというものではなく、自分の考え（仮説）を検証するプロセスを通して、ブラッシュアップしていくというものです。

ですから仮説はとても重要です。アンケート調査前にオープンデータをじっくりと考察して切れ味の良い仮説を立てることが求められます。

◆ 分析計画

そして次に重要なのは、分析計画です。分析計画の要素は、① Who、② What、③ How です（図表 2-14）。

図表 2-14　分析計画

検討事項	内容	具体例
Who （ターゲット詳細）	誰の意見をもとに意思決定するか	アーリーアダプター ・発売後初期に購入してくれる（購入時期） ・価値をわかってくれる（関与度）
What （分析課題）	ニーズ検証 コンセプト受容性	・想定したニーズが実際存在するか ・コンセプトを評価するか
How （検証方法）	どのように分析をして仮説検証するか	・5段階評価のトップボックスの構成比 ・ニーズとコンセプトの相関係数の算出

① Who…誰の意見をもとに仮説を検証するのかということです。

② What…何を分析によって明らかにしたいかです。

③ How…どのように分析するかです。

これができていないのが意外と多いのが現状です。誰の、何を、どのように分析するかを決めずに分析してしまっているのです。ですから結果が出てから慌てるのです。

仮説の検証方法は、5段階の質問法による検証が一般的です。

ターゲット顧客のニーズを満たす商品の受容性を把握するには、そのコンセプトに対してどの程度魅力なのか、どの程度購入したいかということを5段階の尺度で訊いていくのです。

【魅力度を測る選択肢】

1. 大変魅力に感じる
2. 魅力に感じる
3. どちらともいえない
4. 魅力に感じない
5. 全く魅力に感じない

【購入意向を測る選択肢】

1. 是非購入したい
2. 購入したい
3. どちらともいえない
4. 購入したいと思わない
5. 全く購入したいと思わない

この選択肢の回答結果を集計して受容性を把握していきます。**分析方法には、トップボックスと置き替えた値の平均値をとる方法があります。**

トップボックスとは最もポジティブな選択肢の全体に占める構成比を判断基準にする方法です。次の例（図表 2-15）では「是非購入したい」と「購入したい」を合計すると A 商品も B 商品も 50% ですが、「是非購入したい」割合が高い B 商品を採用するというアプローチです。

日本人は調査関係者や当該メーカーに気を遣って大して買いたいと

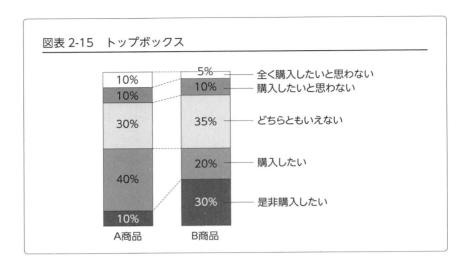

図表 2-15　トップボックス

10%	5%	全く購入したいと思わない
10%	10%	購入したいと思わない
30%	35%	どちらともいえない
40%	20%	購入したい
10%	30%	是非購入したい
A商品	B商品	

思っていなくても、少しでも肯定的な、「やや買いたい」を選択しがち
だからです。トップボックスは何％であると有効と見るべきでしょうか。
一般的には 20％。かために見ると 30％と設定している場合が多いよう
です（置き替えた値の平均値については前章を参照してください）。

6 ›› マーケティングプロセスに対応する主なリサーチ手法

　前項でマーケティングプロセスを概観しましたが、各プロセスには、
それぞれ適したマーケティングリサーチの方法があります。

◆ 価値創造におけるマーケティングリサーチ

　①仮説を設定するのは、現状をしっかりと分析し考察するプロセスが
重要です。本質的な部分は、顧客に訊いてもなかなかでてきません。顧
客がすでに認識している顕在ニーズではなく、顧客が気づいていない、
あきらめている潜在的なニーズを深掘りしなければなりません。そのた
めには、顧客の実態を客観的に把握することが求められますので、定性

調査や観察調査が適しています。ただ調査から「正解」が抽出されるのではなく、考察力が必要だということを念頭に置いて分析に臨んでください。定量調査でもベンチマークテストによって顧客の実態を把握することができます。

②STP、③企画開発も基本的には同様で、マーケティングリサーチから「正解」が出るということではなく、仮説を検証するという位置づけになります。仮説検証のプロセスを繰り返すことによって仮説の精度を高めることができるのです（図表 2-16）。

図表 2-16　価値創造段階でのマーケティングリサーチ

マーケティングプロセス	調査目的	主なリサーチ手法
①現状分析によるテーマ（仮説）設定	潜在ニーズ探索のための現状把握とあるべき姿の探索	デスクリサーチ ベンチマークテスト デプスインタビュー グループインタビュー 観察調査
②STP	セグメンテーション仮説の検証 ターゲット仮説の検証（特性、ニーズ） 各商品、ブランドのポジショニング	顧客アンケート調査
③商品（サービス）企画開発	コンセプトの受容性 価格受容性の検証	コンセプトテスト

◆ 価値伝達におけるマーケティングリサーチ

④コンセプト表現も価値創出と同様に仮説検証の位置づけでマーケティングリサーチを行っていきます。設定したコンセプトをわかりやすく表現したワーディングかどうか検証していきます。商品の使用者である顧客と商品を提供する作り手の間には埋められないギャップがありますので、そのギャップをマーケティングリサーチによって、少しでも埋める活動が、求められるのです。

⑤伝達媒体は、狙うべきターゲット顧客に対して、どのような媒体が適切かを探索していく活動になりますので、ターゲット顧客の現状の生活行動をしっかりと把握することが必要です。

⑥販売チャネルは店頭での購買行動に合致した店頭プロモーションが求められます。ですのでこちらもターゲット顧客の店頭における購買行動をしっかりと把握していきます（図表2-17）。

図表 2-17　価値伝達段階でのマーケティングリサーチ

マーケティングプロセス	明らかにしたい事項	リサーチ手法
④コンセプト表現	ニーズ仮説の妥当性 USPに対する魅力度	コンセプトテスト
⑤伝達媒体	ターゲットの生活行動と既存媒体との融和性	ベンチマークテスト
⑥販売チャネル	ターゲットの購買実態（重視ポイントや購買チャネル）	店頭調査（出口調査） ミステリーショッパー

※ USP（ユニーク・セリング・ポジション）…その商品の一番のウリを端的に表現した文章

第 3 章

マーケティングに活かす
定量データ分析手法

●分析とは、文字通り「分けてわかること」であり、結果を具体的に考えることです。定量データ分析の主な方法として、①比較分析、②トレンド分析、③相関分析があります。

●仮説を設定するために活用できる調査の1つに満足度調査があります。バイヤーエクスペリエンスサイクルで商品購入から廃棄にいたる一連のプロセスを整理し、項目毎の満足度と総合満足度との相関係数を算出することで思わぬ重視項目を抽出することができます。

●STPはマーケティングのプロセスで最も重要なものです。新商品開発の場合、最重要ターゲットであるアーリーアダプターからの評価を得るために、意識の高さと行動を見極める質問をいくつか設定し、それらを因子分析することでアーリーアダプターを選出していきます。

●価値創造段階で用いられる分析手法には、受容性分析（コンセプトテスト）、コンジョイント分析、PSM分析などがあります。

●価値伝達段階で用いる分析手法には、パーチェスファネル、U&Eなどがあります。

1 ≫ 定量データ分析の基本

◆ 分析とは「分けてわかる」実践手法

何か新しい物質が発見された時には、構成している要素や成分を細かく分割して詳しく検査します。そうすることで、どのような物質であるのか詳しく知ることができます。この行為を分析といいます。

ビジネスでも同じです。今期に突如として販売実績が増加した商品Aの「売れた要因」を知るには、販売エリア別に分けて実績を集計することや、購入した顧客別に購入理由を調査することで要因を明らかに

することができます。販売実績を全体で捉えていただけでは、要因はいつまで経ってもわかりません。「売れているなぁ」と感想レベルしか得られません。中身がどのようになっているのか**分けてわかる**プロセスが必要なのです。

　数年前からステンレス製の水筒が売れています。従来の魔法瓶と違って軽くて丈夫です。なぜステンレスの水筒が売れているのでしょうか？年間の販売実績だけを追っていたのでは真相はつかめません。また状況に応じてさらに売上を増加させる手立ても考えつきません。そこでステンレスの水筒を購入した人へのアンケート調査を行います。顧客層別に販売状況や使用状況を細かく分析します。

　すると若い女性の購入が他の世代よりも突出して高いことがわかります。また購入商品の分類別で、小容量でスリムな形状のものの割合が高いことがわかります。これらの実態から、若い女性が職場などに飲料を持参するためにステンレス製の水筒を購入していることが販売実績を増加させている要因としてわかりました。そこで若い女性が持参したくなるようなカラフルなカラーバリエーションを豊富に揃え、小さなカバンの中でも入るようなより細身な形状の商品を開発することで、さらに実績を増やすための施策を考えることができるのです。文字通り「分けてわかる」ための実践手法が分析の意義なのです。

◆　比較分析

①比較分析のプロセス

図表 3-1　比較分析のプロセス

1. **分類軸**を選定　→　2. **差異**を抽出する　→　3. **知見**をまとめる

1.「分類軸を選定」するとは、データをどのように分割するか、何と比較するかということです（図表3-2）。2.「差異を抽出する」とは、どんな数値に着目して比較するかということです。データを実数（度数）で比較するのか、構成比や指標を算出するのかなどを検討し、データを加工していきます。このプロセスを終えて分析が終了と考えてしまう人が多いのですが、3.**「知見をまとめる」が最も大事なプロセスです**。加工した数値をもとに、何がいえるのか、差異をもたらす要因を探索するプロセスです。

図表3-2　分類軸・比較の例

	分類	比較例
全体を細分化する	デモグラフィック（人口統計学的属性）	・性別・年代・職業・家族構成、所得階層など ・企業規模・業種など
	ビヘイビア（行動学的属性）	・消費量別・購買頻度別 ・ヘビーユーザー、ミドル、ライト、ノン
	ジオグラフィック（地理学的属性）	・居住エリア、営業エリアなど
	サイコグラフィック（心理学的属性）	・ライフスタイル別 ・認知者と非認知者、購入意向者と非意向者など
時間軸で比較する	時間比較	・月別比較（1〜12月） ・月内比較（月初・月中・月末） ・曜日比較・時間比較
	経年比較	・過去に実施した統計資料との比較
他集団（他社）と比較する	競合他社などとの業績比較	・業界平均（黒字企業） ・ベンチマーク（トップ企業、実質競合） ・類似企業（店舗）
	商品評価、イメージ評価	・使用実績（トライアル、リピート） ・満足度やブランドイメージ

②差異を抽出する（データ加工）

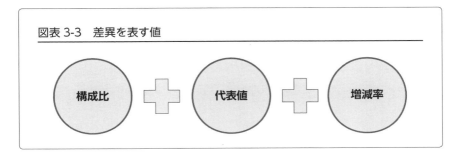

図表 3-3　差異を表す値

構成比　＋　代表値　＋　増減率

　1つ目は**構成比**です。集団を比較して差異を抽出するとき、まず検討するのは構成比の違いです。構成比を使うと集団の大きさの影響を排除することが可能となります。例えば47都道府県の中で最も高齢化が進んでいるのはどこか、ということを考える際に、実数、すなわち65歳以上の人口数で比較してしまうと、最も人口の多い東京都が一番になりますが、母数が多いわけですからフェアな比較とはいえません。そこで都道府県別の高齢者の構成比（高齢化率）を算出することで、集団の大きさに関わらずに比較することが可能となります。

　構成比は、全体に占める部分の比率です。前述の高齢化率であれば、

　　高齢化率（%）＝ 65歳以上の人数／総人口 × 100

という計算式で算出します。財務指標も構成比で算出するものがあります。

　　売上高営業利益率（%）＝営業利益／売上高 × 100

　2つ目は**代表値**です。**平均値**は便利な指標ですが、データによってブレ幅が大きくなることがあります。データのバラツキ度合いによっては、平均値だけでなく、中央値や、最頻値を算出することで、その集団の特性を適切に把握することが可能となります。

最後は、増減率です。前年と比較してどの程度増えたのか？　減少したのか？　ということを数字で表すことができます。増減率は以下の数式です。

$$増減率（\%）＝ 増減額 \div 前年実績 \times 100$$
$$＝（本年実績 － 前年実績）\div 前年実績 \times 100$$

③知見をまとめる

　良い仮説、価値の高い仮説を設定するためのポイントは、意味のある価値ある Fact を見つける事、その Fact を考察し、意味を考えること、すなわち「Finding」にあります。

　Fact を改めて整理すると、「事実、現実、実際にある（あった）こと」（ジーニアス英和辞典）と訳されます。

> ・ハードファクト…確固、確実な情報
> ・ソフトファクト…多少の解釈の余地を残した情報

　Fact にもレベル感があります。本当に堅い、まず間違えのないハードファクトと、少し怪しいソフトファクト、第三者の類推や考察結果の3つに分類しています。

　仮説を設定するには、ハードファクト（確固、確実な情報）に着目することから始めましょう。ゆるぎない事実ですから統計的な裏づけのある調査結果などが該当します。

　そのようなハードファクトの中から重要と考える Fact を見出し、そこから仮説を立てていくのです。第一歩として Fact から何がいえるのか Finding していきます。

　Finding とは明らかになったこと、「評決、発見」と訳されます（ジーニアス英和辞典）。

> ・Factから何がいえるのか？　**解釈**を加えたもの
> ・課題の認識によってFindingは異なる

　Fact から何がいえるのか？　解釈を加えたものを発見することに意義があります。

　Finding に明確なルールや手順はないので自由に考察すれば良いのですが、慣れない場合は図表 3-4 の視点で考えを深めると良いでしょう。

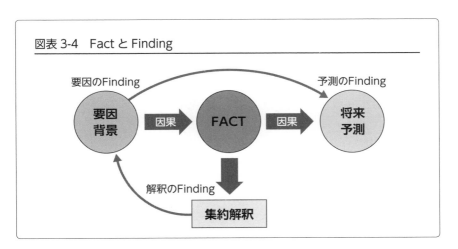

図表 3-4　Fact と Finding

　Fact を中心において、その要因として何が考えられるのか（要因背景）、いくつかの Fact によってどんな事柄に集約されるのか（集約解釈）、Fact によって将来どうなるのか（将来予測）、という 3 つの観点で考察していくと Finding しやすくなります。

メッセージ化	要因は、〜と考えられる　… 要因のFinding ○○の現状をまとめると、〜といえる　… 解釈のFinding だから将来は、〜となるだろう　… 予測のFinding

　要因背景の探索については、重要な Fact の要因を探索することで、市場で起きている状況を類推していきます。「何故そのような状況になっ

ているのか」を追求することから始めましょう。ロジカルシンキングの**Why ツリー**が役立ちます（図表 3-5）。

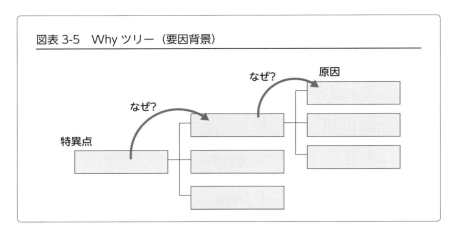

図表 3-5　Why ツリー（要因背景）

なぜ?

なぜ?

原因

特異点

集約解釈については、**親和図法**が役立ちます。ポストイットを使ってビジュアルに要因を探索していきます（図表 3-6）。

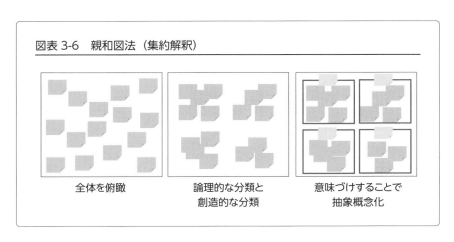

図表 3-6　親和図法（集約解釈）

全体を俯瞰

論理的な分類と
創造的な分類

意味づけすることで
抽象概念化

親和図法の手順は、以下の通りです。

① Fact を 1 件 1 枚のポストイットに書き出す。

②それぞれの Fact で似たものを集めてみる。

③各グループが何を意味するのか、表題として違う色のポストイット
　に書く。

　将来予測は、過去から現在の流れを掴んで、次の事象を予測する手法
です。手順をひとつひとつ確認することで予測の精度を高めることがで
きるのです（図表 3-7）。

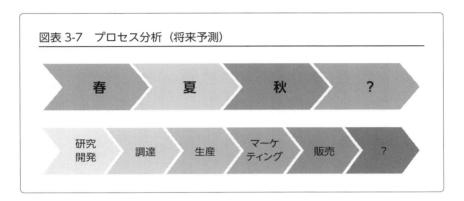

図表 3-7　プロセス分析（将来予測）

| 春 | 夏 | 秋 | ？ |

| 研究開発 | 調達 | 生産 | マーケティング | 販売 | ？ |

◆ トレンド分析

　タイムマシンがない現在では、将来のことは誰にもわかりません。だ
からといって、その場限りの対応をしていれば良いというのでは期待す
る成果は出せません。できるビジネスパーソンほど将来どのような事が
おきるのか仮説を設定し、準備をしています。

　優秀な経営者であれば尚更です。日本マクドナルドの創始者藤田田氏
は、当時無名の高校生、孫正義（現ソフトバンク代表）に「今のコンピュー
タはこの部屋ぐらいの大きさだが、これからはもっと小さくなる。そし
てもっと必要になるので、アメリカでコンピュータの勉強をするといい」
（藤田田『勝てば官軍』KK ベストセラーズ）と助言したといわれてい
ます。藤田田氏には将来が予測できていたという事です。

　ではどうしたら将来を予見することができるのでしょうか？　**将来は
わかりませんが過去は誰でも知ることができます**。過去から現在の傾向

を掴んで将来を予測しようというアプローチです。

①長期時系列のデータは未来を指し示す

　将来を予測するために、過去10年から20年前のデータを用意します。
図表3-8はビールの市場規模を示すデータです。

図表 3-8　ビール類課税数量の推移（大手5社計）

単位：千kl

出典：国税庁「酒のしおり」

　グラフから、ビール市場は過去15年一貫して低減していることがわ
かります。まさに右肩下がりの状況です。ここからどのような将来を予
測しますか？　どんなにポジティブに捉えても現状維持が良いところ
で、ダウントレンドが順当なところです。今後もこの傾向は続くという
見方が順当ではないでしょうか。だとするとビールメーカーはどのよう
に経営資源を活用していくべきか自ずと答えは見えてきます。

　1つには国内市場は現状維持としつつ海外へ目を向けることでしょ
う。日本のビールは世界でも通用するおいしさです。人口が減少傾向に
ある国内市場に見切りをつけて海外市場に活路を見出すという戦略で
す。いま1つはビール以外の酒類へ経営資源を振り向けるということで
す。ハイボールも定着している中でいろいろな素材を活かした新しいア
ルコール飲料にチャレンジすることで、若者や女性を取り込む戦略です。

　過去からの傾向を掴むことによって新しい発想を得ることができるの

です。図表3-9はガラケーとスマートフォンの世帯普及率（二人以上の世帯）のデータです。

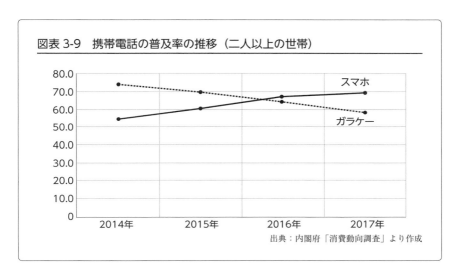

図表 3-9　携帯電話の普及率の推移（二人以上の世帯）

出典：内閣府「消費動向調査」より作成

　2016年にガラケーとスマホの普及率が逆転し、スマホの普及率は約7割に達しました。2017年はややなだらかな増加となりましたが、ガラケーからスマホに着実に置き換わっていることは誰の目にも明らかです。熱烈なガラケーファンもいるでしょうから全ての顧客がスマホへ置き換わることは難しいと思いますが、今後ゆるやかに100%に近づいていく事が予想できます。メーカーがガラケーを製造することはないでしょう。このように過去のデータを見ることで、大筋の予測を立てることができるのです。

②関連のあるデータを探索し、将来を予測する

　次に考えるのは、そのデータに影響を与えている他のデータを探索することです。図表3-10はJTBグループが毎年集計しているゴールデンウィークの旅行者数の推移をグラフ化したものです。

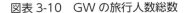

図表 3-10　GW の旅行人数総数

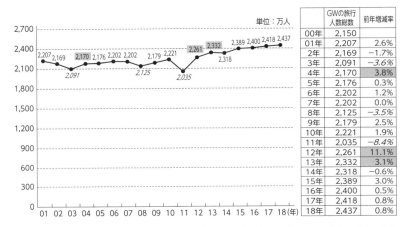

	GWの旅行人数総数	前年増減率
00年	2,150	
01年	2,207	2.6%
2年	2,169	−1.7%
3年	2,091	−3.6%
4年	2,170	3.8%
5年	2,176	0.3%
6年	2,202	1.2%
7年	2,202	0.0%
8年	2,125	−3.5%
9年	2,179	2.5%
10年	2,221	1.9%
11年	2,035	−8.4%
12年	2,261	11.1%
13年	2,332	3.1%
14年	2,318	−0.6%
15年	2,389	3.0%
16年	2,400	0.5%
17年	2,418	0.8%
18年	2,437	0.8%

出典：JTB旅行動向調査による国内旅行総数の推計値からのグラフ作成
https://press.jtbcorp.jp/jp/2019/04/201942555-10.html

　長期時系列のデータをグラフ化するだけで、その傾向が見えてきます。ゴールデンウィークの旅行者数は年々増加傾向にあります。今後も増加傾向が予測できます。

　ではゴールデンウィークの旅行者数を増やす要因は何でしょうか？ここで前年よりも旅行者数が増加した年と減少した年をいくつか抽出し、それらの違いを見出すというアプローチをとります。前年増減率を算出します。ゴールデンウィーク旅行者数の前年増加率を算出したのが上記の表です。

　網掛けの年が前年よりも大きく旅行者数を伸ばしたベスト 3 です。反対に斜体文字の年は前年よりも大きく減少した年となります。さてこの2 つのグループの違いは何によってもたらされるでしょうか？　どのような事項から影響を受けるでしょうか？　頭の中にある生活者意識を呼び覚まし想像力を存分に働かせます。みなさんが旅行に行こうと思うのはどんな時でしょうか？　旅行から帰ってきて次の日すぐに仕事は嫌で

すよね。連休であることがポイントとなると思います。

　カレンダーとの関連があるだろうと仮説を立てます。日の並びが良く長い連休が続いていることが旅行に行こうという気にさせるだろうということです。網掛けの年と斜体文字の年を比較してみます（図表 3-11）。

図表 3-11　旅行者数が増加した年と減少した年の日の並び

前年より増加	前年より減少
2013年　前半3日、後半4連休	2011年　飛び石、3日、後半3日
2012年　前半3日、後半4連休	2008年　飛び石、後半4日
2004年　前半1日、後半5連休	2003年　飛び石、後半3日

　こうして見ると前年より増加した網掛けの年は、長期間の連休が多く、前年より減少した斜体文字の年は、「飛び石」というキーワードが入っていることに気づきます。カレンダーは影響を与える要因と考えてよいようです。

　さらに影響を与える要因がないか考えていきます。旅行に行く心理も影響するだろうと気づきます。

　内閣府では、毎月「**消費者態度指数**」という景気を示す指標を発表しています。これは生活者の「暮らし向き」「収入の増え方」「雇用環境」「耐久消費財の買い時判断」の今後半年間の見通しを5段階評価して指標化したものです。

　この数値を網掛けの年と斜体文字の年で比較したものが図表3-12です。

図表 3-12　消費者態度指数

前年より増加		前年より減少	
2013年5月	45.2	2011年5月	34.2
2012年5月	40.2	2008年5月	33.0
2004年5月	47.3	2003年6月	36.0

網掛けの年が 40 ポイント台なのに対して、斜体文字の年は 30 ポイント台です。ここから GW の旅行者数に生活意識も影響していることがわかります。では 2019 年の旅行者数は前年よりも増加するでしょうか？カレンダーと消費者態度指数を見てみましょう（図表 3-13）。

図表 3-13　2019 年の GW

2019年4月				5月					
27日	28日	29日	30日	1日	2日	3日	4日	5日	6日
土	日	月	火	水	木	金	土	日	月

　みなさんの記憶に新しい 10 連休でしたね。どちらかというと網掛けの年に近いことがわかります。さらに GW 前の消費者態度指数を見てみましょう（図表 3-14）。

図表 3-14　GW 前の消費者態度指数

2018年12月	42.6	↘	2019年3月	40.5	↘
2019年1月	41.8	↘	2019年4月	40.4	↘
2019年2月	41.5	↘			

　細かく見るとダウントレンドですが 5 カ月連続で 40 ポイント台を維持しています。カレンダー、生活意識ともに旅行に行こうという機運が高まっていることがわかります。これらから 2019 年のゴールデンウィークは前年よりも増加することが予想できます。

◆ 相関分析

トレンドに影響を与えるデータを統計的に裏づけるには相関分析が活用できます。2 つのデータに相関関係がみられるかどうかは、相関係数を算出することで確認できます。相関係数はエクセルの CORREL という関数を使うと瞬時に算出することができます（図表 3-15）。

図表 3-15　CORREL

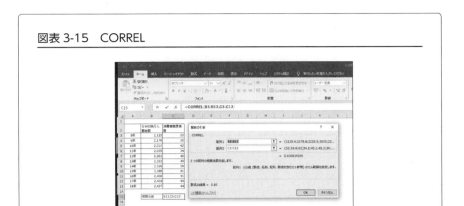

　相関係数が 0.4 以上あると、2 つのデータに相関関係があるとみなすのが一般的です。前述のゴールデンウィークの旅行者数の相関係数を算出してみましょう（図表 3-16）。

図表 3-16　相関係数の算出

	GWの旅行人数総数	消費者態度指数
8年	2,125	33
9年	2,179	35
10年	2,221	42
11年	2,035	34
12年	2,261	40
13年	2,332	45
14年	2,318	39
15年	2,389	41
16年	2,400	41
17年	2,418	44
18年	2,437	44
相関係数		0.83

消費者態度指数と旅行人数の相関係数は0.83と算出されました。この2つのデータには相関関係があるといえそうです。

　さらに散布図を描いてみることで確認をしてみましょう（図表3-17）。横軸には影響を与える方のデータ「消費者態度指数」を置きます。縦軸には影響を受ける方のデータを置きます。散布図にデータをプロットした際に、右肩上がりの直線状にデータが集まってきたときに、2つのデータには相関関係があると判断します。

　各年の消費者態度指数と旅行人数は右肩上がりの直線上にプロットされています。散布図の作成により相関関係を確認できました。

　相関分析は将来を予測するための仮説検証で効果を発揮します。Excelを使って相関係数を算出し、散布図を描いて確認しましょう。相関分析は、仮説検証をする際に非常に便利な分析方法ですが、留意点もあるからです。

　例えば気温と電気代の散布図（図表3-18）をご覧ください。寒い12

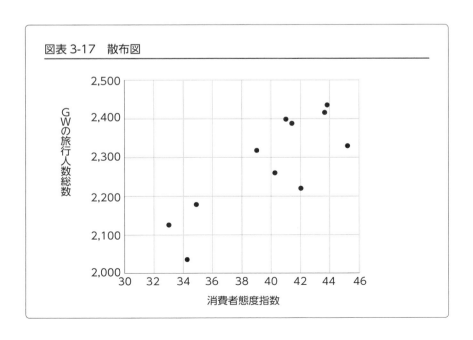

図表 3-17　散布図

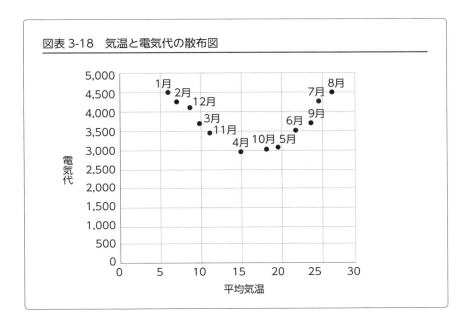

図表 3-18 気温と電気代の散布図

月から2月にかけてと、暑い7月〜9月にかけての二度電気代が高まります。寒いと暖房、暑いと冷房を多く使うために電気代が上がるのが容易に想像できます。平均気温と電気代には明確に関係があると考えられます。ところが相関係数は -0.12 であり、相関関係があるとはいえません（図表 3-19）。

図表 3-19 気温と電気代の相関係数

月	平均気温	電気代
1月	6.1	4,500
2月	7.2	4,250
3月	10.1	3,700
4月	15.4	2,950
5月	20.2	3,050
6月	22.4	3,500

月	平均気温	電気代
7月	25.4	4,250
8月	27.1	4,500
9月	24.4	3,700
10月	18.7	3,000
11月	11.4	3,450
12月	8.9	4,100
相関係数		− 0.1282

これは相関分析が直線関係しか表すことができないことに起因します。散布図が示すＵの字は、相関関係がないと見なすのです。このような場合はデータを２つに分けて分析を進めます。11月から4月までの寒い時期と、5月から10月までの温かい時期です（図表3-20）。相関係数は冬場が –0.99、春から秋に掛けて0.97となり、強い相関関係であることが証明できました（図表3-21）。

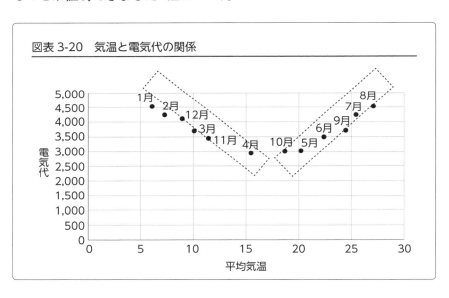

図表 3-20　気温と電気代の関係

図表 3-21　冬、春〜秋の相関係数

月	平均気温	電気代
11月	11.4	3,450
12月	8.9	4,100
1月	6.1	4,500
2月	7.2	4,250
3月	10.1	3,700
4月	15.4	2,950
	相関係数	− 0.99

月	平均気温	電気代
5月	20.2	3,050
6月	22.4	3,500
7月	25.4	4,250
8月	27.1	4,500
9月	24.4	3,700
10月	18.7	3,000
	相関係数	0.97

　また Excel の**近似曲線**機能を使うと、直線以外の曲線を描くことができます（図表 3-22）。

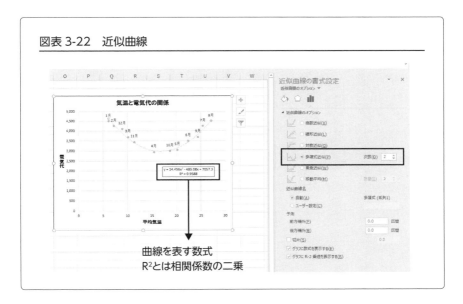

図表 3-22　近似曲線

曲線を表す数式
R^2 とは相関係数の二乗

　数式は、近似曲線を表す数式で、R^2 は相関係数の二乗という意味で、この数値が高い程、近似曲線の当てはまり具合がよいということを示します。今回の場合は 0.9588 ですからかなり高い当てはまり具合であることがわかります。

　相関係数が直線的な関係性しか表現できないのに対して、回帰分析は二乗式も含めて表現することができます。このケースでは、電気代を平均気温で説明していますが、説明する変数（データ）が２つ以上ある場合には、**重回帰分析**という分析手法となります。

　例えば図表 3-23 のように売上高を広告費とセールスパーソンの人数で説明しようとする場合に重回帰分析を活用します。売上高を目的変数、広告費とセールスパーソンの人数を説明変数とします。エクセル統計などの Excel アドオンソフトを使用して、重回帰分析した結果が図表 3-24 です。

図表 3-23　変数が複数ある場合の例

	売上高 （百万円）	広告費 （百万円）	セールスパーソン （人数）
2000年	72,500	720	65
2001年	75,680	750	70
2002年	77,860	780	69
2003年	78,950	800	68
2004年	80,400	890	69
2005年	80,500	900	70
2006年	80,600	950	70
2007年	80,900	960	70
2008年	80,800	960	72
2009年	80,700	950	71
2010年	81,000	980	77
2011年	81,100	900	76
2012年	81,200	850	77
2013年	80,600	900	75
2014年	80,500	950	73
2015年	81,500	980	72
2016年	82,600	1010	75
2017年	83,500	1000	76
2018年	81,800	950	78
2019年	81,400	980	82

図表 3-24　回帰式の精度

重相関係数		決定係数	
R	修正R	R^2	修正R^2
0.8973	0.8844	0.8051	0.7822

　このデータでは、決定係数の修正 R^2 で 0.7822 となっています。目的変数である売上高を説明変数である広告費とセールスパーソンで 78% 説明できるということを示しています。売上高を目的変数 y とし、説明変数のうち広告費を x_1、セールスパーソンを x_2 とすると、推定された重回帰式は以下のとおりです（図表 3-25）。

$$y = 51,458 + 21.46\ x_1 + 127.35\ x_2$$

図表 3-25　売上高予測に必要な係数

変　　　数	偏回帰係数	標準誤差	標準偏回帰係数
広告費（百万円）	21.46	3.7915	0.7522
セールスパーソン（人数）	127.35	78.3554	0.2160
定数項	51,458	4598.7020	

　2020 年に広告費を 20 百万増加し 1000 百万円、セールスマンの人数を 3 人増やして 85 人とした場合には、それぞれの変数を代入すれば 2020 年の売上高を予測することができます。

$$y = 51,458 + 21.46 \times (1000\ 百万円) + 127.35 \times (85\ 人)$$
$$= 83,769.75\ 百万円$$

2 >> 仮説設定のための分析手法：満足度調査の活用

　前節で、潜在ニーズは顧客に訊いてもわからないとお話をしましたが、アンケート調査でそのヒントを見出すことは可能です。既存商品を使用している顧客に対して、商品を構成する要素別に、どの程度満足しているのかを定量的に訊くのです。もちろんアンケート調査ですから訊いたことしかわかりません。ですから質問する商品の要素はしっかりと吟味

しなければなりません。お客様と商品サービスを提供する企業との全ての接点を洗い出し質問項目を設定していきます。

　ここで**バイヤーエクスペリエンスサイクル**（図表 3-26）が役立ちます。これは商品を購入し、使用、廃棄するまでの一連のプロセスにおいて顧客がどのような不満を感じていたり、不足感を抱いていたりするかを抽出するものです。

　バイヤーエクスペリエンスサイクルの項目ごとに設問を設定してアンケート調査で満足度を聴取していきます。調査票は以下のように5段階で当てはまるものを選択してもらいます。例えば図表 3-27 のように設問を設計します。

図表 3-26　バイヤーエクスペリエンスサイクル

購入	・必要とする商品を探すのに費やす時間は適切か ・購入場所は行きやすく、訪れやすいと思われているか
デリバリー	・配達されるまでの時間は適切か（短時間か） ・簡単に梱包を解いて設置できるか ・配送手配は買い手か。その場合のコストと手間はどちらが負担しているか
使用	・使用するのにトレーニングや専門家の助けはいるか ・使わない時の保管は容易であるか ・機能や特徴はどの程度優れているか ・機能や付属品は適切か（オプション・性能・機能・付属品）
併用	・他の商品やサービスがなくても使えるか ・他の商品やサービスが必要な場合、コストや入手の容易度
メンテナンス	・メンテナンスの外部委託は必要か ・保守やアップグレードは簡単か ・メンテナンスのコストは適切か
廃棄	・商品の利用に伴い、廃材が出るか ・楽に廃棄できる商品か ・安全に廃棄するために環境や法律の問題がからんでくるか ・廃棄にはどれくらいのコストがかかるか

（ボディークリームの使用に関するアンケート）

QXX. 当社製品に関する満足度はいかがでしょうか？　「1. 大変満足」
から「5. 大変不満足」の中からお気持ちに近いものを選択してくださ
い（○は1つずつ）。

図表 3-27　ボディークリームの使用に関するアンケート

	1. 大変 満足	2. 満足	3. どちらと もいえない	4. 不満足	5. 大変 不満足
製品保護の透明フィ ルムの剥がしやすさ	1	2	3	4	5
一回の使用量の取り 出しやすさ	1	2	3	4	5
ポンプの硬さ	1	2	3	4	5
肌に塗った時の伸び やすさ	1	2	3	4	5
・・・	1	2	3	4	5
総合的な満足度	1	2	3	4	5

　集計結果は、項目ごとにトップボックス（大変満足の構成比）を算出
します。さらに総合満足度との相関係数を算出します。総合満足度との
相関係数は、回答結果の一致度を示します。各設問の回答と総合的な満
足度の回答が完全に同じであれば相関係数は1となります。

　各項目と総合満足度の回答が一致するということは、総合満足度への
影響度が高く、顧客が重視している項目だと解釈できます。総合満足度
との相関係数を重視度として散布図を描きます（図表 3-28）。

　ここで注目すべきは、重視度が高いにも関わらず満足度が低い項目で
す。例では「透明フィルムの剥がしやすさ」が該当します。これは顧客
が意図していない潜在ニーズと捉えることができます。

　**満足度分析は、重視度を直接訊かずに総合満足度との相関係数を採用
するところに意味があります。**重視しているかどうか回答者（顧客）自

身も意識していないものを浮かび上がらせることができるからです。

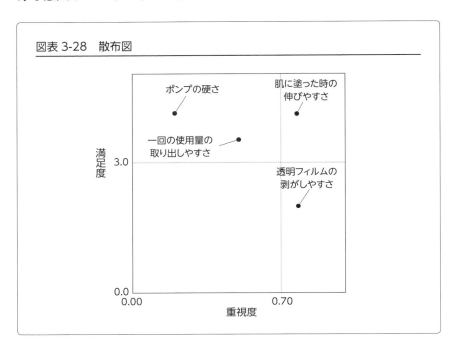

図表 3-28　散布図

3 ›› STP のための分析手法

◆ 因子分析と因子得点

STP はマーケティングのプロセスで最も重要なプロセスです。

　新商品を発売したときに、誰に最初に購入してもらいたいでしょうか？　周りの人に良い口コミをしたり、紹介してくれる影響力の高い人ではないでしょうか。

　これまで世の中になかった画期的な商品であれば、一般の人は商品に対する抵抗感が高いものです。本当にいい商品かどうか様子見をしているのです。ある程度商品が普及してきて、ネットのレビューを見て評価

をするでしょう。ということは、商品を上市した初期の段階で高い評価を得ることがポイントとなるのです。

　新製品が普及するまでのプロセスにロジャーズの**イノベーション普及モデル**があります（Case1 参照）。

　商品コンセプトの検証を行うアンケート調査では、アーリーアダプターを見極める調査項目を盛り込みます。

　アーリーアダプターは当該商品カテゴリーに対して強い意識を持っており、かつ購買行動も旺盛という特性があります。そのアーリーアダプターを抽出するための質問を1つの質問で見極めることができればよいのですが、なかなか1つの質問に集約するのは困難です。そこで意識の高さと行動を見極める質問をいくつか設定し、それらを因子分析という手法で集約していきます。

　因子分析は、一言でいうと、複数の設問を集約する手法です。

　人は1つの質問で表現できるほど単純ではありません。例えば消費意欲が旺盛な人でも、購入時にじっくりと検討する人もいれば、衝動買いの多い人もいます。流行りのデザインが好きな人もいればベーシックなデザインが好きな人もいるでしょう。このようないくつかの質問を1つに集約する作業を因子分析で行います。

　例えば以下の分析は、シニア世代に対するセグメンテーションを行った事例です。シニアの意識と行動に関して図表3-29の設問を用意してアンケート調査を行います。これらの設問について、因子分析を行って、回答の仕方が似ている項目を集約していきます。

　因子分析の結果として得られた因子は、因子負荷量の大きさから各因子の意味を読み取っていきます。**因子負荷量**とは得られた因子が分析に用いた変数（設問）に与える影響の強さを表す値で、相関係数に近い概念です。因子負荷量は、−1以上1以下の値をとり、因子負荷量の絶対値が大きいほど、その因子と変数との間に（正または負の）強い相関があることを示しています。

　今回の因子分析では10問の設問に対して3つ因子が抽出できました。

図表 3-29　シニア世代に対するアンケート調査（例）

	1.大変当てはまる	2.あてはまる	3.どちらともいえない	4.当てはまらない	5.全く当てはまらない
仕事や家族に縛られることなく精神的な自由を感じている	1	2	3	4	5
日々の生活の中に楽しみがある	1	2	3	4	5
仲間や友人がたくさんいる	1	2	3	4	5
月に１回以上集まる会合が３つ以上ある	1	2	3	4	5
政治や経済情勢など社会的な関心がある	1	2	3	4	5
地域社会への関心がある	1	2	3	4	5
夢中になれる趣味や遊びを持っている	1	2	3	4	5
野球やバンドなど人と接する趣味を持っている	1	2	3	4	5
妻が参加しない自分だけのサークルや趣味がある	1	2	3	4	5
元職場や旧友、地域活動のメンバーなど属しているグループは多い	1	2	3	4	5

因子負荷量をグラフ化したものが図表 3-30 です。

　それぞれの因子について、因子負荷量の大小から、何を意味しているのかを考えてネーミングします。

　第１因子は、グループや仲間についての設問の因子負荷量が高く、コミュニケーションに関する因子であることがわかります。

　第２因子は、楽しみや自由、趣味や遊びに関する設問の因子負荷量が高く、遊びに関する因子であることがわかります。

　第３因子は、地域社会への関心、社会的関心に関する設問の因子負荷量が高く、社会への関心に関する因子であることがわかります。

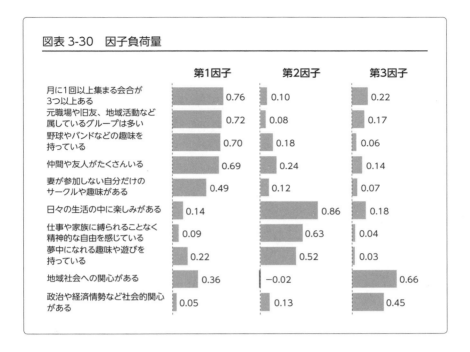

図表 3-30　因子負荷量

	第1因子	第2因子	第3因子
月に1回以上集まる会合が3つ以上ある	0.76	0.10	0.22
元職場や旧友、地域活動など属しているグループは多い	0.72	0.08	0.17
野球やバンドなどの趣味を持っている	0.70	0.18	0.06
仲間や友人がたくさんいる	0.69	0.24	0.14
妻が参加しない自分だけのサークルや趣味がある	0.49	0.12	0.07
日々の生活の中に楽しみがある	0.14	0.86	0.18
仕事や家族に縛られることなく精神的な自由を感じている	0.09	0.63	0.04
夢中になれる趣味や遊びを持っている	0.22	0.52	0.03
地域社会への関心がある	0.36	−0.02	0.66
政治や経済情勢など社会的関心がある	0.05	0.13	0.45

　それらを踏まえて、第1因子を、コミュニケーション、第2因子を遊び、第3因子を社会への関心と名づけました。

　さらに、因子に対する各回答者の回答結果を因子得点として、セグメンテーションをしていきます。セグメンテーションをする為には、**クラスター分析**を行います。クラスター分析は簡単にいってしまうと、回答傾向の似ているものを1つの集団として括る（グループ化する）ということです。

　2つないしは3つの座標軸にデータをプロットし、距離的に近いもの同士をグループとしてみなし、次にグループ間を比較して近いグループを大きなグループとしていきます（図表3-31）。

　SPSSなどの統計ソフトでクラスター分析すると、デンドログラムというグラフが作図されます（図表3-32）。クラスター分析は最終的に1つのグループとなりますので、どこでグループ化を終了するのかを判断

していきます。実務上は、次の統合までの距離が長い時点というのが目安です。

　先ほどのシニア世代の事例で作成した因子を使ってクラスター分析すると図表 3-33 のようになります。

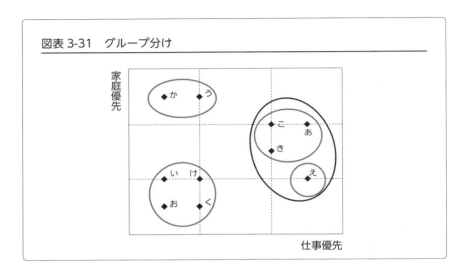

図表 3-31　グループ分け

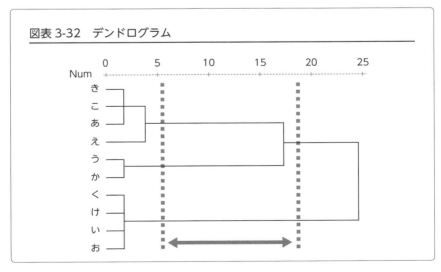

図表 3-32　デンドログラム

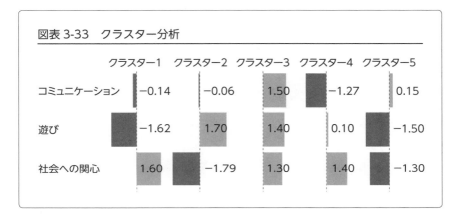

図表 3-33　クラスター分析

	クラスター1	クラスター2	クラスター3	クラスター4	クラスター5
コミュニケーション	−0.14	−0.06	1.50	−1.27	0.15
遊び	−1.62	1.70	1.40	0.10	−1.50
社会への関心	1.60	−1.79	1.30	1.40	−1.30

　クラスター1は、社会への関心が高く、遊びが低い　真面目な「堅実派」と捉えることができます。

　クラスター2は、遊び因子が高い「遊び上手」、クラスター3は、3つの因子にバランス良く反応している「スマート」、クラスター4は、社会への関心は高いがコミュニケーションが低い「ひきこもり」、クラスター5は、遊び、社会への関心が低い「お疲れ」、というネーミングとしました。

　本調査では、クラスター3「スマート」が周囲への拡散力が高いということで、アーリーアダプターとしました。

　因子分析やクラスター分析を行えば、多様な意見を集約して有益なセグメンテーションを行うことができます。ただ難点として多少の統計知識が必要になるということ、関係者への説明が困難で意思決定者に対してシンプルに説明できないことがデメリットとして挙げられます。

◆ コレスポンデンス分析（パーセプションマップ）

　ポジショニングは最も重要なマーケティングプロセスです。**コレスポンデンス分析は、想定したポジショニングの通りに自社商品を顧客が位置づけているかどうかを検証する場合に活用できます。**また現状のブランドポジショニングを把握して、空いているスペース（ホワイトスペー

ス）を見出して新たなポジショニング軸を創出する材料とすることにも
活用できます。

　コレスポンデンス分析は、クロス集計を俯瞰したいときや、クロス集
計の選択肢が多い場合に有効活用できます。

　コレスポンデンス分析は、アンケートの回答データからクロス集計を
することから始まります。本データは、観光地のブランドイメージに関
するアンケート調査の結果を使用しています。それぞれの観光地に対す
るイメージをMA形式（マルチプルアンサー：複数回答）で聴取した
ものを集計しています。

　クロス集計表を見ただけでも、箱根や鬼怒川の温泉イメージが高いと
ころ、京都の歴史やわびさび、カルチャー、横浜のファッショナブルな
イメージが高いところがわかります。各観光地の特徴をよく表していま
す（図表3-34）。

図表3-34　クロス集計表

イメージ	箱根	長瀞	鎌倉	軽井沢	京都	鬼怒川	お台場	横浜
洗練	11%	5%	17%	30%	31%	5%	29%	38%
ファッショナブル	4%	4%	13%	42%	14%	2%	56%	64%
ステータス感のある	9%	8%	17%	40%	36%	5%	14%	20%
プレステージ	14%	9%	17%	44%	52%	4%	6%	12%
わびさび	45%	22%	52%	10%	67%	36%	1%	3%
癒される	54%	42%	28%	17%	31%	39%	2%	3%
あたたかい	25%	43%	12%	5%	12%	20%	3%	4%
フレンドリー	27%	25%	16%	14%	8%	24%	25%	25%
閑静	33%	29%	21%	21%	13%	35%	1%	1%
シックな	37%	14%	36%	17%	48%	17%	1%	3%
カルチャー	8%	4%	41%	5%	65%	14%	10%	19%
心の洗濯	36%	34%	12%	33%	13%	25%	15%	12%
四季豊かな	52%	22%	38%	26%	61%	43%	1%	2%

のんびり	41%	28%	18%	19%	26%	24%	1%	1%
景観	54%	33%	35%	33%	48%	43%	3%	4%
歴史のある	8%	3%	51%	3%	83%	24%	1%	5%
リゾート	33%	22%	15%	32%	1%	16%	30%	20%
便利	30%	12%	18%	12%	1%	17%	52%	40%
温泉	65%	54%	1%	4%	4%	58%	2%	0%
伝統的な	18%	7%	39%	11%	76%	16%	0%	2%

　分析は統計ソフトで行います。フリーウェア「R」や、「JMP」「SPSS」「SAS」、エクセルのアドオンソフトを使えば分析が可能です。

　分析結果は図表 3-35 のように出力されます。

図表 3-35　分析結果

検討事項 行・列の要素	第1軸	第2軸	第3軸	第4軸	第5軸	第6軸	第7軸
箱根	− 1.50	1.36	0.06	0.25	− 0.07	− 0.05	0.02
長瀞	1.50	1.52	0.00	− 0.29	− 0.12	− 0.10	− 0.02
鎌倉	− 0.86	− 0.57	− 0.17	− 0.01	0.18	− 0.17	0.05
軽井沢	0.61	− 0.47	0.46	− 0.03	0.12	0.01	− 0.00
京都	− 1.87	− 1.14	0.02	− 0.02	− 0.11	0.05	− 0.04
鬼怒川	− 1.00	1.00	− 0.14	− 0.03	0.14	0.22	− 0.01
お台場	2.28	− 0.96	− 0.18	0.12	− 0.01	− 0.05	− 0.20
横浜	1.92	− 1.29	− 0.11	− 0.01	− 0.14	0.09	0.18
洗練	0.23	− 0.85	0.32	0.29	− 0.52	0.20	0.32
ファッショナブル	1.07	− 1.03	0.23	0.30	− 0.37	0.23	0.31
ステータス感のある	− 0.23	− 1.20	1.09	− 0.12	− 0.01	0.07	0.06
プレステージ	− 1.50	− 1.00	1.43	− 0.12	− 0.32	0.12	− 0.23
わびさび	− 1.50	0.10	− 0.30	0.33	0.08	− 0.22	0.19
癒される	− 0.80	1.50	0.09	0.13	− 0.16	− 0.18	0.22
あたたかい	− 0.35	1.14	− 0.17	− 1.04	− 0.86	− 0.72	0.02

フレンドリー	0.80	0.85	− 0.30	0.16	− 0.21	0.04	0.17
閑静	− 0.44	0.92	0.26	− 0.12	0.72	0.17	0.29
シックな	− 1.06	− 0.75	0.20	0.57	− 0.06	− 0.58	0.25
カルチャー	− 1.11	− 1.20	− 0.63	− 0.06	− 0.32	0.06	0.27
心の洗濯	1.00	0.59	0.64	− 0.00	− 0.10	− 0.12	− 0.18
四季豊かな	− 0.96	0.25	0.22	0.47	0.11	0.28	− 0.04
のんびり	− 1.00	0.70	0.46	0.30	− 0.28	− 0.23	0.06
景観	− 0.72	0.43	0.37	0.25	0.20	0.12	0.08
歴史のある	− 1.68	− 0.50	− 0.66	− 0.19	0.16	0.22	− 0.18
リゾート	0.50	0.31	0.45	0.56	0.19	− 0.49	− 0.22
便利	0.82	− 0.10	− 0.65	1.05	− 0.25	− 0.20	− 0.31
温泉	− 1.50	1.90	− 0.15	0.21	− 0.56	0.79	− 0.07
伝統的な	− 1.58	− 0.72	− 0.09	0.06	− 0.33	− 0.01	− 0.40

　統計ソフトから得られた各軸と要素のスコアを使って観光地イメージと性年代による散布図を作成します（図表 3-36）。

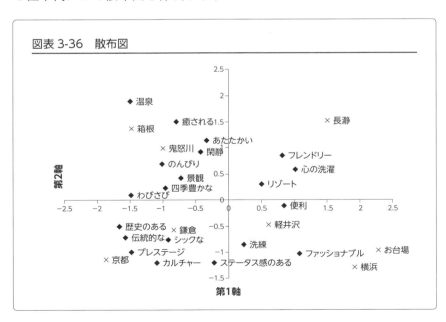

図表 3-36　散布図

　観光地イメージの分布状況を見て、第１軸（横軸）は、右へ行くほど（プラス）手軽さやファッショナブルさを示していて、左（マイナス）にいくほど情緒豊かなイメージであることが感じ取れます。第２軸（縦軸）は上（プラス）へいくほど癒し系、下（マイナス）へいくほど文化的なイメージであることが感じ取れます。

　各観光地の散布図上の位置を見ると、箱根や鬼怒川は温泉による癒しイメージが強く、京都鎌倉は歴史、文化イメージ、横浜お台場はファッションイメージが強いことがわかります。長瀞はフレンドリーや心の洗濯イメージと近いですが、解釈が難しいところです。

　このように**コレスポンデンス分析は、ブランドとイメージについてのクロス集計表をビジュアル化することができます。**

　ただ気をつけなければならないのは、サンプルサイズの大小が反映されないことです。あるイメージに回答した人がどんなに少なくても（もしくは多くても）散布図にプロットされる位置は変わりません。イメージの近さや遠さを知ることはできても、回答者数までは認識できないのです。

　コレスポンデンス分析が、どの程度元データを反映しているかは、統計ソフトで表示される「固有値」と「寄与率」に着目します。固有値とは各軸の情報の大きさを示す指標です。固有値が１以上あれば、元データとの関連が深いといえます。寄与率は、元データの何割を説明できているかを表した比率です。累積寄与率が80％以上であれば、元データをかなり反映しているといえます。

4 ›› 価値創造のための分析手法

◆ 受容性分析（コンセプトテスト）

　新商品を上市する際には、仮説（戦略仮説）として設定したコンセプ

トを定量的に評価し、市場に受け入れられるかどうか見極めます。その際には①新規性、②魅力度、③購入意向という3つの切り口でターゲット顧客へ聴取していきます。

　結果はトップボックスで評価をするのが適切です。作今のモノ余り時代では、誰にでも受け入れられる商品よりも、特定の人に強く気に入られた商品を展開することが求められるからです。

　シニア世代の事例で、日本酒の新商品コンセプトの受容性テストを見てみましょう。

呈示したコンセプト

【蔵そのまま】
　絞りたての酒蔵でできたお酒を、直接自宅にお届けします。工場直送なので自宅にいながらにして酒蔵をイメージできます。できたてなので日本酒本来の美味しさを味わうことができます。

　このコンセプトがアンケート調査によってどの程度受容されたのかクロス集計を行います（図表 3-37）。

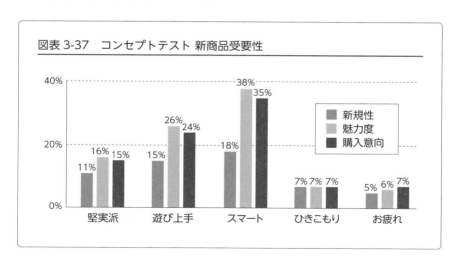

図表 3-37　コンセプトテスト 新商品受要性

　アーリーアダプターと設定したスマートセグメントで購入意向 35%という結果を得ることができました。何 % 以上あれば合格とするかは企業によって異なります。リサーチとその結果である販売金額の大小を記録にとって、自社なりの設定基準を作成します。トップボックスで 20% 以上としている企業が多いようですが、企業によっては厳しめの 30% 以上としている企業もあります。

　この例ではスマートで 35% の購入意向率ですからかなり受容性は高いのではないかという判断ができます。

◆ コンジョイント分析

　コンジョイント分析は、顧客が商品サービスを購入する際に、1 つひとつの特徴を個別に評価するのではなく、個別の特徴が、組み合わされた総合的な価値を評価しているという前提で調査・分析を行うものです。商品サービスの持つ機能や特徴の組み合わせを作り、それぞれについてどの程度購入したいかを聴取することで、各特徴の重視度と適切なレベル感を明らかにするという手法です。

　腕時計をコンジョイント分析にかけた場合を例にとって説明します。まず顧客が判断基準としている特徴を探索します。「バンドの形状」や「文字盤の色」「時刻の表示方法」「ブランド」が考えられます。そして「価格」も特徴に入れます。次にその特徴のバリエーションを設定していきます。バンドは「皮」や「チェーン」、文字盤の色は「黒」と「青」とします。残りの特徴についてもバリエーションを設定します。それぞれの特徴を組み合わせてパターンを作ります。このケースでは、バンド（2 バリエーション）×文字盤（2 バリエーション）×時刻（3 バリエーション）×ブランド（3 バリエーション）×価格（3 バリエーション）としました。全ての組み合わせは 2×2×3×3×3 = 108 通りとなります。108 通りのカードを作り対象者に欲しい順に並び替えてもらえば最適な組み合わせを知ることができます。ただ現実的には 108 通りのカードを並び替えてもらうには多くの時間と回答者の負担がかかります。また

108通りの順位をつけるには、正確性にも疑問が生じます。そこで直行計画という統計処理（全ての組み合わせをしなくても最小限の組み合わせによって分析結果を導くことができる統計処理）をして108通りを8つのカードに集約します。実質的に8通りの選考順位をつけるだけで全ての特徴の重視度と組み合わせを知ることができるのです（図表3-38）。

図表3-38　コンジョイントカード

Card A	Card B	Card C	Card D
安全性：大	安全性：小	安全性：小	安全性：大
軽さ：軽い	軽さ：通常	軽さ：軽い	軽さ：通常
操作性：良い	操作性：通常	操作性：良い	操作性：通常
デザイン：A	デザイン：B	デザイン：A	デザイン：B
価格：10万円	価格：5万円	価格：8万円	価格：3万円

Card E	Card F	Card G	Card H
安全性：小	安全性：大	安全性：大	安全性：小
軽さ：通常	軽さ：通常	軽さ：軽い	軽さ：軽い
操作性：良い	操作性：通常	操作性：通常	操作性：良い
デザイン：A	デザイン：B	デザイン：B	デザイン：A
価格：3万円	価格：5万円	価格：8万円	価格：10万円

1位（　　　　　）　2位（　　　　　）　3位（　　　　　）　4位（　　　　　）
5位（　　　　　）　6位（　　　　　）　7位（　　　　　）　8位（　　　　　）

　詳しく説明をすると専門的になりますので、ここではコンジョイント分析によって、対象者（アンケート調査の回答者）における商品の特徴の重視度と最適な組み合わせを知ることができるということだけご理解ください。

　調査ではターゲットにコンジョイントカードを欲しい順に並べ替えてもらいます。この例では全体の重視度で最も高かった特徴は「価格」で50万円のものを選択したという結果を導くことができました。ちなみにコンジョイント分析は各特徴の中で最も高かったバリエーションを組み合わせることで、最適な組み合わせを把握することができます。この

場合には、文字盤が黒で時刻表示がアラビア、皮バンドでロレックス、50万円の価格という組み合わせとなります（図表3-39）。

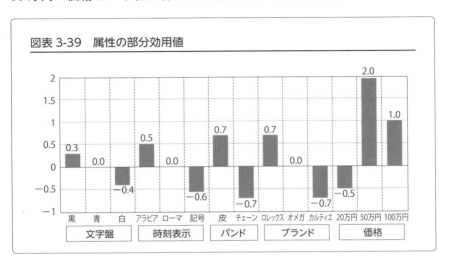

図表 3-39　属性の部分効用値

コンジョイント分析は対象者をグループ分けして、グループ毎に分析することも可能です。 図表3-40では、20代は価格を重視していることがわかります。30代40代と年齢が高まるにつれてブランドを重視する

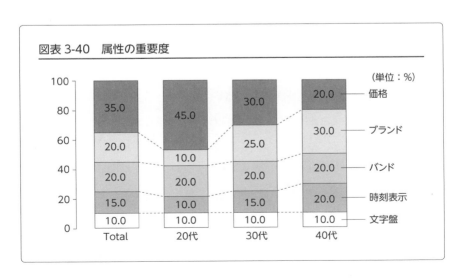

図表 3-40　属性の重要度

傾向が強くなることを表しています。このようにセグメント別にコンジョイント分析を行うことで、各セグメントの重視している特徴とバリエーションを明らかにすることができます。

◆ PSM分析

新商品の価格を設定する分析方法として**PSM分析**があります。Price Sensitivity Measurement の頭文字をとったもので、価格感度測定法という手法です。PSM分析は、対象となるターゲットに対して新商品の現物、もしくはコンセプトを提示して、**どのくらいの価格であれば購入するかを聞き取り、顧客に受容される価格を明らかにしていきます。**

PSM分析を行うには、対象としている顧客に対して新商品を提示し商品特徴を説明した上で、以下の4つの価格について聴取します。

①この商品が高いと感じるのは、いくら以上ですか？

②この商品が安いと感じるのは、いくら以下ですか？

③この商品が高すぎて買えないと感じるのは、いくら以上ですか？

④この商品が安すぎて品質に不安だと感じるのは、いくら以下ですか？

アンケート結果は、表頭に設問を、表側に回答者をおいてデータ入力します。事例はビジネス手帳に関する価格です（図表3-41）。

図表3-41　アンケート結果

ID	①高いと感じる	②安いと感じる	③高すぎて買えない	④安すぎて不安
1	2,000	1,500	3,500	1,000
2	2,500	2,000	3,000	1,000
3	2,000	1,500	2,500	1,000
4	2,000	1,500	2,500	1,000
5	3,000	2,500	3,500	2,000
6	2,000	2,000	2,500	1,500
7	2,500	2,000	3,000	1,000

8	2,500	1,500	3,000	1,000
9	2,500	1,500	3,000	1,000
10	1,500	1,000	2,500	1,000
11	2,000	1,500	2,500	2,000
12	2,500	2,000	3,000	1,500
13	2,500	2,000	3,500	1,500
14	2,000	1,500	2,500	1,000
15	2,500	1,500	3,000	1,500
16	1,500	1,000	2,500	1,000

　次に表頭に設問、表側に価格帯をおいた集計表を作成します（図表 3-42）。

図表 3-42　集計表

	①高いと感じる	②安いと感じる	③高すぎて買えない	④安すぎて不安
1000円	0	42	0	84
1500円	36	84	36	144
2000円	39	99	9	63
2500円	105	69	66	9
3000円	96	6	153	0
3500円	24	0	72	0
合計	300	300	336	300

さらに各設問について構成比と累積構成比を求めます（図表3-43）。累積構成比の算出は注意が必要です。①高いと感じると③高すぎて買えないは、価格の低い方から高い方へ向けて累積していきます。反対に②安いと感じると④安すぎて不安については価格の高い方から低い方へ向けて累積していきます。

図表 3-43　構成比と累積構成比

◆構成比

	①高いと感じる	②安いと感じる	③高すぎて買えない	④安すぎて不安
1000円	0%	14%	0%	28%
1500円	12%	28%	11%	48%
2000円	13%	33%	3%	21%
2500円	35%	23%	20%	3%
3000円	32%	2%	46%	0%
3500円	8%	0%	21%	0%
合計	100%	100%	100%	100%

◆累積構成比

	①高いと感じる	②安いと感じる	③高すぎて買えない	④安すぎて不安
1000円	0%	100%	0%	100%
1500円	12%	86%	11%	72%
2000円	25%	58%	13%	24%
2500円	60%	25%	33%	3%
3000円	92%	2%	79%	0%
3500円	100%	0%	100%	0%

そしてそれぞれの累積構成比を折れ線グラフにします（図表 3-44）。

4つの価格の累積構成比の折線グラフから受容価格帯を読み取っていきます。

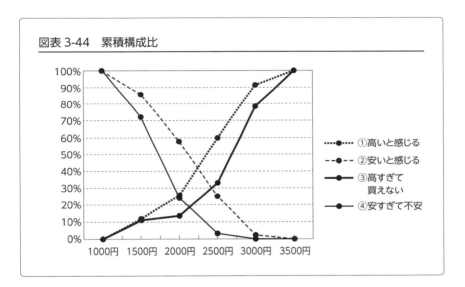

図表 3-44　累積構成比

① 「安すぎて不安」と「高いと感じる」の交点は「最低品質保証価格」です。これ以上安くすると顧客が「品質が悪いのではないか？」と疑い始める価格です。

② 「安すぎて不安」と「高すぎて買えない」の交点は「理想価格」です。「この商品でこの価格なら」と納得する（値ごろ感のある）価格です。

③ 「安いと感じる」と「高いと感じる」の交点は「妥協価格」です。「この商品ならこの価格で仕方がない」という価格です。

④ 「安いと感じる」と「高すぎて買えない」の交点は「最高価格」です。「これ以上高く設定すると、誰も買ってくれなくなる」価格です。

今回の調査で求めた価格は以下の通りです。

①最低品質保証価格：2,000 円

②理想価格：約 2,125 円

③妥協価格：約 2,250 円

④最高価格：約 2,380 円

調査の結果から理想価格と妥協価格の間の金額 2,190 円を目安に価格設定をすればターゲット顧客が受容する価格といえるでしょう。

5 » 価値伝達のための分析手法

◆ パーチェスファネル

顧客が商品を購入するには一定のプロセス（手順）があります。まずは商品の存在を知ります。当然ですが商品の事を知らなければ商品を購入することはありません。そして商品名やブランド名を認識した上で、その商品やブランドに興味関心を抱きます。「欲しいな」とか「試してみたいな」という感情です。次に興味関心を抱いた方の中から購買をする人が出ます。このように顧客が商品を購入するには、大きく分けて 3 段階のプロセスを踏むはずです。**そしてこの 3 つのプロセスは、認知＞魅力＞購入というように次のプロセスへ進むにしたがって少なくなっていく傾向（漏斗状 ファネル）になっています**（図表 3-45）。

この 3 段階のプロセスを数字で押さえ、PDCA を回すことで、商品販売数量を伸ばしていく施策を展開することが可能となります。

以下のように、それぞれのプロセスで低くなってしまう原因を考えていきます。

①認知度が低い　➡　その原因は何だろうか？　どうすれば認知率を高めることができるだろうか？

②魅力度が低い　➡　その原因は何だろうか？　どうすれば魅力度を

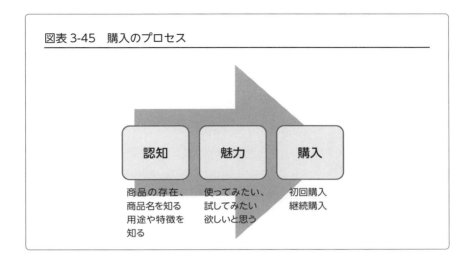

図表 3-45　購入のプロセス

認知
商品の存在、
商品名を知る
用途や特徴を
知る

魅力
使ってみたい、
試してみたい
欲しいと思う

購入
初回購入
継続購入

高めることができるだろうか？

③購入率が低い　➡　その原因は何だろうか？　どうすれば購入率を
高めることができるだろうか？

　アンケート調査で、実際の数値を押さえることで、原因を分析することもできますし、改善施策を実施した効果がどの程度あったのか測定することもできます。

　仮に魅力度が低いならば魅力度が低い顧客層を割出し、その顧客層へ向けた広告メッセージを集中させることで、魅力度を高めることができます。例えば全体の魅力度は 50％であるとして、性年代別に細分化して魅力度を測定してみると 30 代男性の魅力度が極端に低い 10％であったならば 30 代男性に着目してプロモーション施策を練り直すのです。プロモーション実施後に魅力度を測定することで効果測定できます。このように指標を設けることで、思いつきや感覚的でない科学的なマネジメントが可能となります。

　自社商品だけではなく、競合企業の商品との比較をすることができれば自社商品の課題を明確にすることができます。例えば自社商品 A と競合商品 B が図表 3-46 のような比率であったときには、A 商品の課題

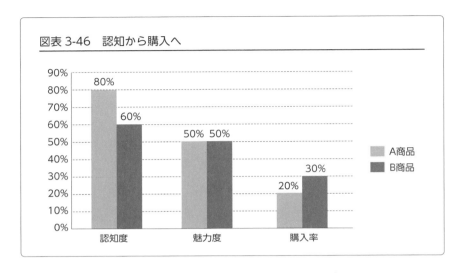

図表 3-46　認知から購入へ

90%
80%
70%
60%
50%
40%
30%
20%
10%
0%

80%
60%
50% 50%
20%
30%

認知度　魅力度　購入率

A商品
B商品

は認知度に対する魅力度が競合 B 商品に比較すると低率であり、高い商品認知率を活かしきれていない状況が見えてきます。

　また魅力度に対する購入率も低率であるため、せっかくプロモーションで高い認知率を獲得できているのに、実際の購入まで結びついていない惜しい結果となっています。

　対する B 商品は認知度 60％と A 商品よりも低率ですが、それを魅力度、購入率へと効率よく展開できています。恐らく競合 B 商品には A 商品にはない魅力的なベネフィットが表現されているか、ニーズが明確なターゲットセグメントを掴んでいるかではないかと考えられます。

　このように競合商品の比率も合わせて把握することができれば競合のマーケティング活動の強み、弱みも把握することができ、競合戦略上の課題も見えてくるのです。

◆ 転換率を計算して強み、弱みを明確にする

　一般的に認知度を高めるのには TVCM や新聞雑誌広告、最近ではインターネット広告などを活用して、ターゲット顧客のアタマの中に自社商品・ブランドをしっかりと印象づけます。魅力度を高めるには当該商

品を使用したことによる利益・便益を伝えることで高めることができます。例えば使用者の意見を掲載した文章や映像を見せるとか、ホームページで実例をしめす等が有効です。新聞や雑誌で特集記事を組んだり、新聞や TV でニュースとして取り上げられたりするパブリシティも有効な手段です。そして購入率を高めるには店頭の販売員の推奨や例えば複数個購入すると値引きするなどの価格戦略と組み合わせたり、サンプリングをして使用経験を起こさせる施策などが有効です。

　まずは顧客の購買意識プロセスの各段階において、どこがボトルネックとなっているのかを把握し、ボトルネックを解消する施策を適切に打つことが求められるのです。ボトルネックを発見するには転換率を合わせて比較します。**転換率は、前工程の指標を 100 としたときに、どの程度維持することができたのか、プロモーションの成果と捉えることができます。**前述の A 商品、B 商品の転換率を求め、グラフ化すると図表 3-47 のようになります。

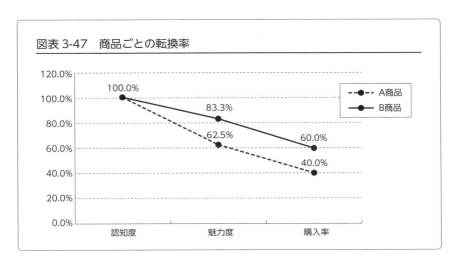

図表 3-47　商品ごとの転換率

　こうしてグラフ化すると B 商品のプロモーション効果の高さを確認することができます。この転換率を自社商品について時系列に比較をすればどの程度効果が上がっているのか測定することができます。

例えば転換率の推移が上記のようになっていたとすると、2012年に前年よりも魅力度、購入率ともに高めることができたが、2013年には魅力度だけ改善し、購入率は低下してしまっていることがわかります（図表3-48）。販売促進に注力するあまり購入率を高める活動が不足していたことが要因として考えられます。もしくは競合他社が自社商品の魅力を吹き飛ばすほどの低価格戦略を打ってきたのかもしれません。

　プロモーション活動は自社の販売量を増加させるための一連の活動として位置づけるモノであり全ての活動を一体的に、体系的に組み込む必要があります。そうしたことを把握するために認知度や魅力度、購入率などのデータを収集し改善活動を展開することが求められるのです。

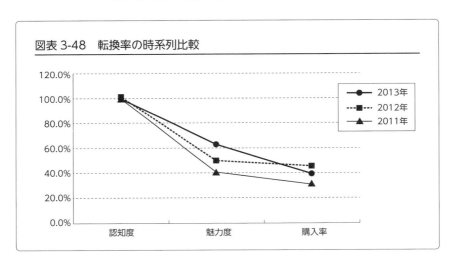

図表 3-48　転換率の時系列比較

◆ U&E

U&E は、Usage & Establishment の頭文字で、商品ブランドの使用実態を示す指標のことです。パーチェスファネルでは認知、魅力、購入としましたが、U&E は購入後の状況まで含めて、認知率と購入経験率、そしてリピート率の 3 つの指標を使って分析していきます。ここで、購入経験率は、一度でも購入した経験のある比率で、リピート率は同じ

商品を2回以上購入したことのある比率を測定します（図表3-49）。

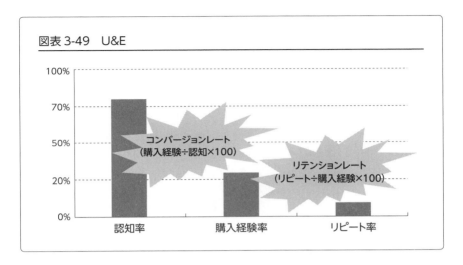

図表3-49　U&E

100%

70%

50%

20%

0%

コンバージョンレート
（購入経験÷認知×100）

リテンションレート
（リピート÷購入経験×100）

認知率　　　　　購入経験率　　　　　リピート率

　そして、コンバージョンレート（購入経験÷認知×100）とリテンショ
ンレート（リピート÷購入経験×100）を算出し、マーケティングの課
題を抽出していきます。コンバージョンレートが他社商品よりも低いと
いうことは、「知ってはいるけど購入したことはない」、躊躇している状
況です。価格が高いとか、買いたくてもいつも行くコンビニには置いて
いないなど何らかの理由が考えられます。またリテンションレートが低
いということは、「一度は買ってみたけど、もういいかな」ということ
で商品のパフォーマンスに問題があることが想定できます。
　この2つの指標を散布図に描くと今後の課題が見えてきます。
　図表3-50は最近流行りのエナジードリンクと従来からある栄養ドリ
ンクのU&Eを散布図にまとめたものです。
　横軸は、コンバージョンレート、縦軸はリテンションレートです。ま
ず右上はコンバージョンもリテンションも高い理想的なブランドです。
ブランドの存在をしっかりと伝えれば購入してくれますし、一度飲用し
たらリピートしてくれます。この位置を目指してプロモーション活動し

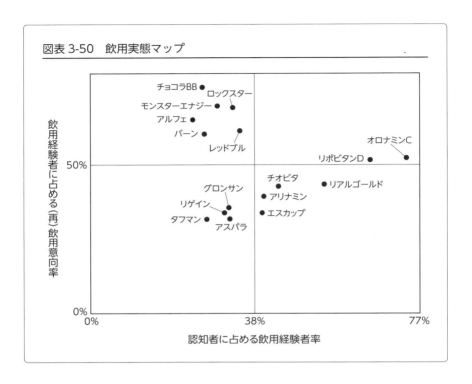

図表 3-50　飲用実態マップ

飲用経験者に占める（再）飲用意向率

チョコラBB ●
● ロックスター
モンスターエナジー ●
アルフェ ●
バーン ●
● レッドブル
オロナミンC ●
リポビタンD ●

50%

グロンサン
チオビタ ●
● リアルゴールド
リゲイン
● アリナミン
タフマン ● ●
アスパラ
● エスカップ

0%
0%　　　　　　　　　38%　　　　　　　　77%

認知者に占める飲用経験者率

ていくことが求められます。

　対して左上は、コンバージョンは低いが、リテンションは高いというポジションです。知っているだけでは飲用する動機づけにならないが、一度でも飲用してくれた人は再度リピートしてくれるというブランドが集まっています。

　この象限にあるブランドを見るとエナジードリンクの各ブランドが多数を占めています。興味はあるけど実際に飲んだ人は少ない、でも飲んだ人はまた購入してくれるという状況です。「どんな効果があるのか少し不安だけど興味はある」ということです。ですからこのエナジードリンクのプロモーションで盛んに行われているのが街頭での無料サンプリングです。そうして飲んでもらえればリピートしてくれることはデータで証明されているので、非常に合理的な施策であることがわかります。

第II部

実践編

第 **4** 章

リサーチの設計

●意義あるリサーチにするために概要の整理をします。「リサーチ
結果を踏まえて何がしたいのか」を具体的に描いてからリサーチを
することが重要です。
●仮説を立てることで、プロジェクトの意思決定が早くなり、問題
意識も高くなります。想定される問題点と、想定される問題点の解
決策から、仮説を考えていくとよいでしょう。
●割付とは、リサーチにおいて、回収するサンプルサイズをセグメ
ント別に決めておくことを指します。セグメントごとに同じサンプ
ルサイズの均等割付にする場合と、比率に合わせたサンプルサイズ
とする割付があります。

1 ›› 概要の整理をする（背景・目的・課題）

◆ 意義あるリサーチにするために

　リサーチの最大の目的とは、次のアクションに繋がる Finding を得る
ことです。すなわち、データを得ても、次のアクションに繋がらないよ
うであればそれはただの調べ事、サーチでしかありません。

　しかし、実態をみると、残念ながらサーチの相談を頂くことが多いと
いうのが率直な感想です。

・とりあえずインターネットリサーチがしたい。

・広告に掲載するためのデータが欲しい。

　このようなご相談を受けることがしばしありますが、「とりあえずと
は何だろう」「広告に掲載するためのデータとは何だろう」という疑問
が生じます。

　リサーチにとりあえずはありません。発注する以上、経費がかかりま
すので、それに見合う成果を得たいと思っている企業が多いはずなのに、

成果についてのイメージが漠然としていることが要因なのだと思います。

　そして、「広告に掲載するためのデータ」すなわち、都合のよいデータを取るリサーチは存在しません。結果を誘導することはリサーチの本質ではありませんし、そのように結果をコントロールしたデータを、リサーチ結果として表に出すことはできません。「何か」見栄えのよいデータが欲しい、という希望があるのだと思いますが、データを捏造することはできないのです。

　このように、曖昧だったり自己都合優先だったりするリサーチは、マーケティングリサーチではありません。しかし、残念ながらリサーチをして満足してしまう、リサーチをすること自体が目的となってしまうといったケースが多くみられるのが実情です。では、効果的なマーケティングリサーチにするためにはどうすべきなのでしょうか？

　その答えは、**「リサーチ結果を踏まえて何がしたいのか」を具体的に描いてからリサーチをするということです**（図表4-1）。

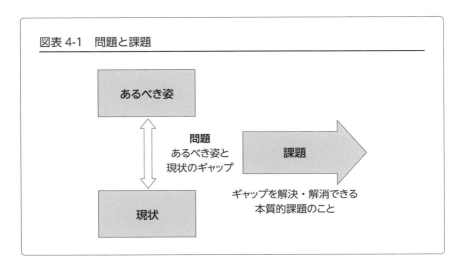

図表 4-1　問題と課題

あるべき姿

問題
あるべき姿と
現状のギャップ

課題

ギャップを解決・解消できる
本質的課題のこと

現状

◆ リサーチに入る前に整理すること

　リサーチ前に整理しておきたい情報は主に4点です。

①リサーチの背景（マーケティング課題）
②調査目的
③調査課題
④調査後のアクション

①リサーチの背景

　マーケティングのゴールは何なのか？　プロジェクトを阻む原因となっている不明なことは何なのか、ゴールまでのどのフェーズで何がどうできなくて困っているのか？　といったことです。

〈例〉

・広告に年間10億円投資しているが、売上があがっていない。

・ターゲットの設定が曖昧で、誰に何を訴求したらよいのかわからない。

②調査目的

　何のためのリサーチなのか？　リサーチ結果を何に、どう活かそうとしているのか？　を簡潔にまとめたものです。

〈例〉

・客離れに歯止めをかけるために、リピートに繋がらない要因を明らかにする。

③調査課題

　プロジェクトを阻む原因となっている不明点を解消するために、どんな情報を得ることができればよいのか？

　何があれば、調査目的を果たすことができるのか？　をまずピックアップし整理します。

〈例〉

・ファネルの分析（認知～リピートまでの各フェーズでの歩留まりは？）

・トライアル層の属性は？

・トライアルのきっかけは？

・事前期待度と期待内容は？

・事前期待度に対する満足度は？

※疑問形で整理するとわかりやすいでしょう。

　調査課題が整理できない場合は、**購買サイクルにあてはめて現状を チェックすることで、整理しやすくなります。購買サイクルのモデルは AIDMA、AISAS などが有名ですが、最新の消費行動モデルとして "DECAX" が注目されています。**

● AIDMA、AISASとは？

　消費者が商品（サービス）を認知してから購買するまでの行動モデル （プロセス）のことで、売上げが低迷している原因を特定する場合や、その原因を改善し、売上げを上げる戦略を決める際に、参考にできるフレームワークです。

　AIDAMA は、商品（サービス）を知り（Attention）、興味（Interest）を抱いて欲しくなり（Desire）、記憶（Memory）して購入（Action）します。AIDMA と AISAS の大きな違いは、購買行動にインターネットが絡むか否かという点です。

　AISAS は、インターネット普及後に提唱されたモデルで、商品（サービス）を知り（Attention）、興味（Interest）を抱いた後の行動が AIDMA と異なります。

　よいものを見つけた後、購入前に、口コミや価格などの比較サイトなどで情報を検索（Search）、購入（Action）後に口コミや SNS への投稿する共有（Share）といったプロセスが組み込まれたモデルです。AIDMA には、この検索、共有というプロセスは組み込まれておりません（図表 4-2）。

　スマホが生活に欠かせなくなった現在では、インターネットを経由しない購買の方が少なくなっているのではないでしょうか。

　コンビニやスーパーなどの日用品以外の買い物で、何も調べずに商品を購入することがどの程度ありますか？

　商品の特性によって購買プロセスは異なります（お菓子・化粧品・家具・住宅とでは購入までにかかる時間が異なります）し、時代の変化によっても購買プロセスは変わっていきます。

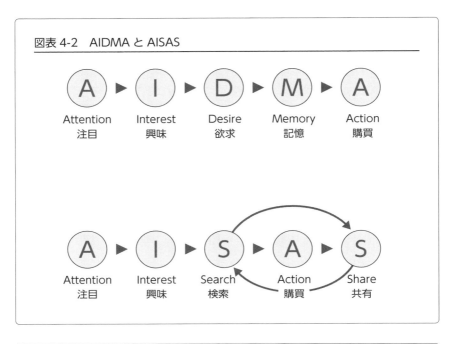

図表 4-2　AIDMA と AISAS

図表 4-3　DECAX

● 最近注目されている DECAX とは？

　これまでの AIDMA や AISAS は、商品を知ってもらうために広告などで企業側が消費者にアピールしていましたが、DECAX では消費者が自ら「発見」し「共有」することがポイントとなります（図表 4-3）。

　企業側からアピールするのではなく、消費者に見つけてもらう。フェ

イスブックやツイッターなどによる拡散が、「発見」の一例です。

　ここで詳しくは説明しませんが、消費者の購買プロセスは複雑化していますので、特に有名な AIDMA、AISAS、AISCEAS、SIPS、DECAX といったモデルを一度調べてみることをおススメします。

　ゴールとして売上を 10% 上げることを掲げた場合、売上が低下している（伸びていない）要因として、

・認知（浸透度）は目標に達しているのか？
・興味レベルはどうなのか？
・比較検討されているのか？ベンチマークは？
・トライアルされているのか？
・リピートしてもらえているのか？

という情報を整理し、ゴールとした目標を達成するための障壁となっている事項を洗い出すことが大切です。

　このように、調査課題を整理することが、調査前の準備として最も重要といえます。

④調査後のアクション

　調査結果を誰がどう判断し、次にどんなアクションを起こすのか？

〈例〉

・プロダクトの満足度が50%だったら、プロダクトを改良する方向で検討に入る。
・価格が要因だったら、価格の見直しを検討する。

　マーケティングリサーチの成功のカギを握るのは、事前準備です。

　「何が課題で、何ができていなくて、何をしたいのか、その為に必要な情報は何か」というポイントを整理することで、次のアクションに繋がる Findings を得ることができ、意義のある調査となります。

　逆に、情報が整理できていないまま調査をすると「こんなことはわかっ

ていた」「知りたいのはそういうことではない」という結果になってし
まいます。

よくあるレポート

リサーチレポートのよくある例として、認知率は80%で購入意向は50%
でした。男性より女性の方が購入意向は高かった。といったFactのみのレ
ポートを目にすることがありますが、このようなレポートには何の価値もあ
りません。

数値というFactはデータをみればわかります。データをみればわかるこ
とに時間をかけてコメントを書いても「だから何？」「でどうすればよい
の？」という疑問しか残りません。

このような自己満足でしかないレポートを大量生産することはやめましょ
う。仮説検証と、因果関係の探索がマーケティングリサーチ（定量調査）
の本質です。

◆ 下手な忖度は無用！

SNSの活用により変わりつつあるものの、原則として企業はお客様
センター等の問い合わせ窓口以外に、直接消費者とコミュニケーション
をとる術を持ち合わせていません。**企業は消費者にモノやサービスを提
供し、消費者は企業からモノやサービスを購入するといった一方通行の
コミュニケーションしかとれていないのが現状です**（図表 4-4）。

よって、企業側はなぜ売れないのか？　なぜ売れているのか？　とい
う消費者のマインドを理解することができない状態となります。こう
いったジレンマを解消するために、間に立ち消費者の声を企業側に届け
るのがマーケティングリサーチ会社の役割となります。

中でもリサーチャーという専門職のスタッフは、その"消費者の声"
をどのように拾い、どのように企業側にフィードバックするかを計画実

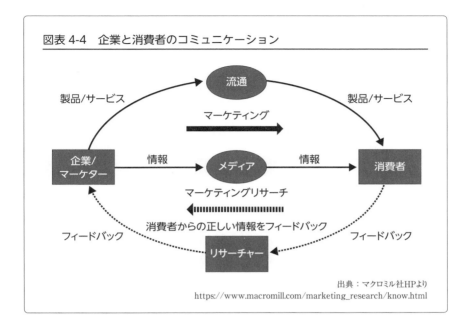

図表 4-4　企業と消費者のコミュニケーション

流通

製品/サービス　　　　　　　　　　　　　　製品/サービス

マーケティング

企業/
マーケター　　　情報　　　メディア　　　情報　　　消費者

マーケティングリサーチ

消費者からの正しい情報をフィードバック

フィードバック　　　　　　　　　　　　　　フィードバック

リサーチャー

出典：マクロミル社HPより
https://www.macromill.com/marketing_research/know.html

第4章　リサーチの設計

践しなければなりません。いわば、リサーチャーは、マーケティングリサーチのスペシャリストです。

　そして、リサーチャーはリサーチを通じてお客さまの課題解決のお手伝いをしているわけですから、**下手な忖度は無用です**。「よいことをいわないと嫌われてしまう」「結果が思わしくないと怒られる」といった考えは今日から捨てましょう。悪いモノは悪いとはっきり伝えてあげることも大切な役割のひとつです。

　お客様に寄り添うということは迎合することではなく、第三者として中立の立場から物事をはっきり伝えることを意味すると私は考えています。

　しかし、悪いという結果とその原因となる「なぜ？」を伝えなければ役割を果たしているとはいえません。そして、**リサーチャーは、消費者の情報を正しく正確に伝えることに加えて、リサーチャーとしての根拠に基づいた見解を付け加えることが重要です**。

2 »仮説を立てる（現状仮説と戦略仮説）

◆ 仮説はなぜ重要なのか？

第Ⅰ部でも触れていますが、ここではマーケティングリサーチにおける仮説にフォーカスします。マーケティングリサーチは問題解決のための手段です。そして、その問題の解決には、仮説を立てることが重要となります。

なぜ仮説を立てることが重要なのでしょうか？　それは、仮説がない中で問題を解決しようとしても、やみくもに手をつけるだけで、いつ解決できるか見通せなくなるからです。 明確な仮説がない場合は、社内で意見交換をするなどして、考えられうる限りの仮説を出していきましょう。

仮説を立てることで得られるメリットとして、**プロジェクトの意思決定の高速化と問題意識の高まりに寄与する**点があげられます。

◆ 問題意識を持ち自分ゴト化することから仮説は生まれる

仮説を生み出すのは、常日頃の関心、問題意識なのです。 自分のビジネスに関連して仮説を持つように心がけようとすると、必然的に、さまざまなことに対する問題意識を高めなくてはなりません。そうすることで、自身の仕事に対するより深い洞察につながります。

また、より高い視点、広い視野から自分自身を見直すことにもつながりますし、さらに、新しい事業機会をいち早く発見することにもつながります。こういったことから仮説を立てること＝自分ゴト化することといえるでしょう。

◆ スピードは命！

仮説の本質は、事業の成功に必要な条件のことです。例えば「この製

品を市場に最初に投入できれば…」「30％のコストダウンが実現できたら…」などの「**たら・れば**」が仮説です。

　その「たら・れば」仮説が肯定された場合の次のアクションまでセットで考えておきます。●●ができればこうする、●●ができなければこうするという「たら・れば」アクションを作ることで、リサーチの結果が出た後に、どのデータをどう分析すればよいかが明確になります。そうすることで、リサーチから分析までの時間を短縮することができます。

　さらに、その結果仮説が肯定されれば、次のアクションに移行することができるので、アクションを起こすまでの時間が、仮説がない場合に比べて、はるかに短くてすみます。

　マーケティングにおいて、「スピードは命」です。のんびり時間をかけている間に、他社に先を越されたり、市場を取り巻く環境が大きく変わったりしてしまいますので、より精度の高い意思決定をスピーディーにすることが重要となります。

◆ どのような仮説を立てればよいのか？

　それでは、マーケティングリサーチをするために、どのような仮説を立てればよいのでしょう？　ケースバイケースではありますが、まずは、以下の2点の仮説を立てていきます（図表4-5）。

①**想定される問題点（現状仮説）**

・状況は、Aな状態なのではないか（例：認知率が低いのではないか？）

②**想定される問題点の解決策（戦略仮説）**

・Bをすればうまくいくのではないか（例：テレビCMを流せば購入率が上がるのではないか？）

　そして、①と②を組み合わせて、現状仮説と戦略仮説を対にして仮説を立てていきます。

　「Aな状態だったらBをすればうまくいくのではないか」

　（例：認知率が低いのであれば、テレビCMを流せば認知率があがり、購入率が上がるのではないか？）

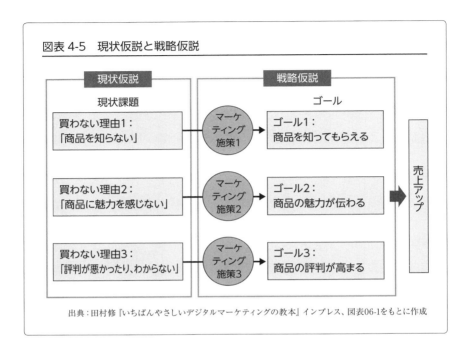

図表 4-5　現状仮説と戦略仮説

現状仮説

現状課題

買わない理由1：
「商品を知らない」

買わない理由2：
「商品に魅力を感じない」

買わない理由3：
「評判が悪かったり、わからない」

戦略仮説

ゴール

マーケティング施策1

マーケティング施策2

マーケティング施策3

ゴール1：
商品を知ってもらえる

ゴール2：
商品の魅力が伝わる

ゴール3：
商品の評判が高まる

売上アップ

出典：田村修『いちばんやさしいデジタルマーケティングの教本』インプレス、図表06-1をもとに作成

　これが仮説です。仮説を立てることで、仮説が立証できたら次のBというアクションを実行するだけなので、仮説がない状態でデータを眺めるよりもスピード感を持って戦略が実行に移せます。

3 » リサーチ対象者と割付を設定する

◆ とりあえず均等割付という発想はNG！

　割付とは、リサーチにおいて、回収するサンプルサイズをセグメント別に決めておくことを指します。セグメントというのは、性別や年齢、居住エリア、特定商品の購入経験別などで、調査の目的によって事前に設定しておく必要があります。

　誰にリサーチをするかによって、データの持つ意味が大きく変わります。そして、どのようにサンプルを回収するかによっても結果の解釈が大きく変わってきます。

　割付には、大きく2つあります。1つ目は、各セル間の結果を比較することを前提とした**均等割付**です。10代から50代までを調査対象とした場合、均等割付とは、図表4-6のような設定を指します。

図表 4-6　均等割付（矢印のようにセル間の結果を比較する）

	10代	20代	30代	40代	50代	計
男性	100s	100s	100s	100s	100s	500s
女性	100s	100s	100s	100s	100s	500s
計	200s	200s	200s	200s	200s	1,000s

　この場合、合計の1,000sの結果をみるわけではありません。例えば、男性では10代と20代で、どちらに好かれているのか？男性と女性ではどちらに好かれているのか？といったように、各セル間の結果を比較します。従って、1,000人を市場の縮図として結果を解釈することは大きな誤りです。

　それはなぜでしょうか？　例えば、日本の10代〜50代の縮図と考えようとした場合、日本の10代〜50代は均等に分布しているでしょうか？

　10代の比率が低く、40〜50代の比率が高いはずです。それを均等に回収した1,000人を縮図としてみてしまうのは、10代の意見を大きく、40〜50代の意見を小さく反映してしまっていることになります。

◆ 比率に合わせた割付

　2つ目は、**比率に合わせた割付**です。同様に、10代から50代までを調査対象とし、人口構成比に合わせた場合、図表4-7のような設定になります。

図表 4-7　比率に合わせた割付

	10代	20代	30代	40代	50代	計
男性	43s	102s	129s	113s	119s	506s
女性	41s	97s	125s	111s	120s	494s
計	84s	199s	254s	224s	239s	1,000s

　これは、各セル間の結果を比較することよりも、1,000人の結果を、10代～50代の日本全国の傾向としてみようとすることを前提とします。各セルのサンプルサイズにもよりますが、各セル間での比較は"原則"行いません。

　例えば、10代と20代で、どちらに好かれているのか？　比較しようとすると、10代は84サンプルを分母とした割合、20代は199サンプルを分母とした割合で比較することになります。どちらも50人が好きだと回答していた場合、10代は59.5％、20代は25.1％となり、割合だけをみると10代の方が支持されているという誤った判断をしてしまう可能性が出てきます。

　これは、同じ人数であっても分母に大きな開きが生じてしまっているため、1人の占めるウェイトが大きくなったことによるものです。

　このように、割付というのは「調査結果をどのように分析したいのか」によって明確な理由のもと設定しなければいけません。

第 **5** 章

調査票の作成

●調査票の作成には、関数を使用できて同一ファイルに別シートを保存できるエクセルが適しています。

●回答負荷を考慮し、きちんと回答できる質問を意識する。負荷が多くなると適当に回答してしまい、正確なデータを得にくくなります。

●設問順を意識する、実態をきいてから常態を聞く、主語を必ずいれる、人によって解釈が異なる言い回しは避ける、などの点に配慮して、選択肢は長文にしない論理的な設問構成にすると、精度の高い回答を得やすくなります。

　調査票は、調査の要です。調査票とは、聞きたいことの設問の集合体ですが、「誰に・何を・どのように聞くか」によって得られるデータは変わります。分析は何度も試行錯誤できますが、データそのものは、もう一度取り直すということはできません。リサーチ後に後悔をしても遅いので、「データの精度は調査設計によって決まる」といえます。

　聞きたいことを単に聞いていけばよいというものではなく、知識や経験値によって設計のクオリティは大きく左右されます。

1 » いきなり調査票を作り出すのは NG！

　調査票を作成する上で重要なことは、最初に全体像を整理し、論理的に設問を構成することです。いきなり調査票を作成しようとすると、全体像の把握が難しくなるため、下記手順で作成していくことを推奨します。

　STEP1. 上述している調査の背景、目的、課題を整理した上で、「誰に何を聞くか」をメモ帳などに書き出していく
　STEP2. 設問項目の漏れ・ダブリを確認し、全体の流れを整理する
　STEP3. 回答形式を考える

STEP4.　設問文を考える

STEP5.　選択肢を考える

STEP6.　全体の流れを再確認する

図表 5-1　調査票の作成はエクセルで

出典：株式会社アスマーク　調査票フォーマット

調査票を作成するファイルは、ワードよりエクセルがおすすめです（図表5-1）。なぜエクセルがよいのかというと、列・行を揃えられるので、見やすくなるからです。また、関数を使うことで設問番号の抜けを防いだり、条件付き書式や入力規則を設定したりできるので、作業効率が上がります。そして、初稿・第2稿など履歴として同一ファイルに別シートで保存しておくことができるので、何をどのようにアップデートしていったのかを確認することができます。

　このような理由から、調査票を作成する場合はエクセルを使うことをオススメします。

2 » 調査項目を必要最小限に絞る

◆ 出力の質は入力の質次第

　Garbage In Garbage Out（ガーベジ・イン・ガーベジ・アウト）という言葉をご存知ですか？　不正確なデータを入力すれば、不正確なデータが出力される（出力の質は入力の質次第）という意味合いで、データサイエンス分野の経験則として使われている格言です。

　このことはインターネットリサーチの実査（データ収集）にもあてはまることでしょう。**聴取した回答データが不正確であれば、どれだけ素晴らしい分析を行っても、結果は不正確なもの（役に立たない）ということがいえるのではないでしょうか。**

　モニターを保有している会社では、いい加減なモニターや不誠実なモニターを排除するための取り組みを行っています。

　アンケートをよく読まずにテキトーな回答をしているんじゃないか、と思われるデータが混ざってしまうのは事実でしょう。アスマーク社では、納品数より多めにデータを回収しておき、「データチェックによって不誠実と思われる回答者のデータを納品から省く」という対策をとっ

ています。

　さて、そのようなデータ不備・不誠実な回答というのは、きちんと回答しないモニターが悪いということだけで片付けてよいのでしょうか？自分でアンケートを回答したら、きちんと丁寧に答えられますか？

　以前、社内で実験調査をしてみたことがあります。本人はきちんと答えていたつもりでも、実際にはきちんと設問文や選択肢を見ることができていない人が意外と多かったという結果が得られました。回答者に悪意はないのに、きちんと答えられない。このようなことが現実的に起こっています。

◆ 回答負荷を考慮しよう（あれもこれもはNG！）

　不誠実・不正確なデータが増える要因として、私たち調査会社や調査を依頼するクライアントサイドが考えなければいけないのは、調査設計の問題です。ここでいう調査設計とは、**「選択肢は背反的かつ網羅的に」**といったような、調査票の作り方に関わる技術的な話というよりも、**「きちんと回答してもらえる」アンケート作りといった意味合いです。**

　では、どのような点に留意して調査票を作成すればよいのでしょうか？　調査票を作成する上で、考慮すべき事項の１位といってもよいものが、ボリュームです。どうしても、マストではないもの（聞けるなら聞いておきたいもの）を膨大に盛り込んでしまい、その結果何十問というボリュームになってしまうことがあります。

　回答するのは同じ人であることを考えれば、真剣に回答できる量は限られます。回答の精度を担保するために**「回答負荷」**を考慮することは、調査を意義のあるものにする上でとても重要になります。作り手も必ず回答する側になって「きちんと丁寧に答えられるか」という意識を持たなければなりません。

　数年前までは、インターネットリサーチ＝PC回答でしたが、現在はほとんどがスマホでの回答となっています（図表5-2）。

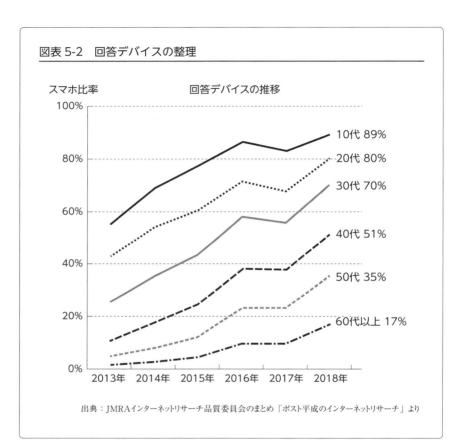

図表 5-2　回答デバイスの整理

スマホ比率　　　　　回答デバイスの推移

10代 89%
20代 80%
30代 70%
40代 51%
50代 35%
60代以上 17%

2013年　2014年　2015年　2016年　2017年　2018年

出典：JMRAインターネットリサーチ品質委員会のまとめ「ポスト平成のインターネットリサーチ」より

　スマホは PC よりも物理的に画面が小さくなります。そうすると、選択肢の個数の多さ、選択肢や設問の長さによってはスクロールしないと回答できなくなります（図表 5-3 は一般的なアンケート画面のメージです）。

図表 5-3　スマホ上でのアンケート画面の表示イメージ

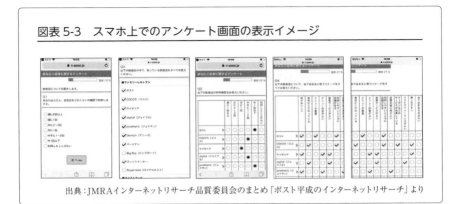

出典：JMRAインターネットリサーチ品質委員会のまとめ「ポスト平成のインターネットリサーチ」より

　インターネットリサーチでは、様々な回答形式の設問が存在します。それらの中で、どのようなものが回答負荷を上げる要素になるのでしょうか（図表 5-4）。

図表 5-4　「正しく回答できない」と負担を感じる内容

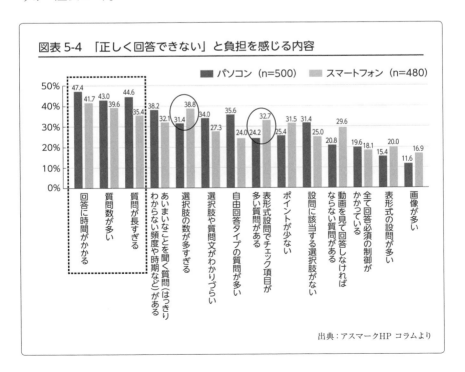

出典：アスマークHP コラムより

このデータをみると、「選択肢の数」「表形式（マトリクス形式）」には特に注意が必要だということがいえます。

　では、どの程度のボリュームが最適なのかというと、スマホ回答の場合、10問〜15問、5分程度で回答できるボリュームを目安にするとよいでしょう。マトリクス形式の場合、選択肢の数は表側10個、表頭5個程度を目安と考えて頂けるとよいと思います。

　あれも聞きたい・これも聞きたいといって設問数を増やしてしまった結果、とある調査では、洗濯機と冷蔵庫をどちらも保有していない人が1割も出てしまったケースもあります。この時代にそのような人が1割もいるはずがないため、回答できるボリュームを越えてしまったことにより、読まない・考えない回答が増えてしまったと結論づけました。

　調査目的を結論づけるために必要な設問に絞って、正しく正確に回答してもらえるボリュームに抑えるよう努めましょう。

　（なお、図表5-4のデータは2014年と5年以上前のものなので、現在はもっとスマホ回答者比率が高まっているため、選択肢の数やマトリクス形式設問のあり方について、より自制が求められています）

3 ›› 論理的な設問構成にする

　回答精度を上げるためには、構成をロジカルに整えことも大きなポイントとなります。主なポイントは下記の通りです。

- **設問順を意識する**
- **実態をきいてから常態を聞く**
- カテゴリは大⇒小へ
- 設問の区切りは明確に
- **主語を必ずいれる**
- 誘導尋問にならないようにする
- **人によって解釈が異なる言い回しは避ける**

・1問で複数のことを聞かない

・**選択肢は長文にしない**

・略語は極力使わない

①**設問順を意識するとは？**

　聞きたいことが網羅されていればよいということではなく、聞く順番によって得られる回答が変わります。

　例えば、知っているブランドを聞きたい時に、自由回答（純粋想起）と選択回答（助成想起）の2問を聞くことがあります。この場合、純粋想起は純粋な状態で知っているブランドを回答してもらうことに意味があるので、選択回答させる助成想起の後に聞いても意味はありません。選択肢でブランド名を学習してしまっているので、既に純粋な状態ではなくなっているからです。このように、設問順が回答に影響を与えることは非常に多くあります。

　もう一つ例をあげます。仕事における将来の夢について聞きたいときに、急に「将来の夢は？」と聞かれても戸惑ってしまいます。頭の中が整理されていない状態だからです。そのため、これまでにどのような仕事をしていたか？　という過去、今どのような仕事をしているか？　という現在を聞いた後に、将来どうなりたいかを聞くと頭の中が整理されスムーズに回答できます。

　このように、原則として過去⇒現在⇒未来の順番に構成するように心がけましょう。

　アンケートへの回答は、寝起きと同じ考え方ができます。「起きてすぐに走れ」といわれても身体が起きていないので難しいですよね。朝食を食べて、準備運動をしてから走り始めないと身体を壊してしまいます。それと同じように、アンケートもまずは脳内を回答できる状態にしてあげることが大切となります。

②**実態を聞いてから常態を聞く**

　回答できる状態にするために、現時点の事実（実態）を聞いてから、ふだん・いつも（常態）を聞く流れを意識することが大切です。

例えば、普段朝食は何を食べていますか？　と急に聞かれるよりも、今日朝食は何を食べましたか？　と最新の記憶から回答してもらえると、脳内が“朝食”脳になっているので、では普段は何を食べることが多いですか？と聞かれても戸惑いは少ないはずです。

　上述した設問順と類似しますが、この流れを意識すべきなのは、設問構成だけではなく選択肢の場合にもいえることです。**最新の記憶から、日常の記憶へ導くとスムーズに回答できます。**

③主語を必ず入れる

　誰のことを聞いているのか、わかるように必ず主語を入れるようにしましょう。

　例えば、「週にどの位の頻度で醤油を使いますか？」という設問があった場合、誰のことを聞いているのか不透明な状態となります。回答者自身のことなのか、回答者の家庭のことなのか、人によって解釈が異なってしまいます。そのため、「あなたは」「あなたのご家庭では」といった具合に主語をいれるようにしましょう。

④人によって解釈が異なる言い回しは避ける

　アンケートの回答者の属性は様々です。そのことを前提に、**誰でも同じ解釈ができる表現を使うよう心掛けましょう。**

　例えば、「現在」「ふだん」「最近」などの単語は人により、捉え方が異るため、使用時期などを統一して聞かなくてはならない場合は避けます。

　最近といっても人によっては、直近2〜3日のことを思い浮かべる人もいれば、1週間、1ヶ月までさかのぼる人もいるでしょう。これでは、どの時点のことについて回答されているかが曖昧になってしまいます。

　そうならないために、「最近1ヶ月」など誰が読んでも同じ解釈となるような設問文にしましょう。

⑤選択肢は長文にしない

　「スーパーまで食材を買いに行くことを考えると、料理を作ることをあきらめてしまう」といった文章のような選択肢は避けましょう。**長く**

ても **20 文字以内**。それ以上になると長く感じます。

　長文になると、読むのが面倒になり、長文の選択肢が目につきやすく、そこに回答が集中したり、読まずに適当に回答されたりしてしまうなどのリスクがあります。

　ちなみに、人がぱっと見で認識できる文字数は、13 文字までだそうです（ヤフーニュースの見出しは 13 文字になっています）。

4 >> 回答バイアスを考える

　マーケティングリサーチには様々な手法がありますが、どの手法においてもバイアスをかけてはならないという大原則が存在します。

　バイアスとは、偏見や先入観、偏りという意味を持ち、特定の質問に対して、率直な意見や感想ではなく、何かに影響されてしまうことを指します。回答バイアスを与えてしまうものとして具体的に下記のようなものがあります。

①近時点への移行バイアス

　実際より近時点に起こったこととして答えやすい性質があります。例えば半年前の経験を 3 ヶ月以内のこととして感じて回答することがあります。記憶に依存する調査ではよくあることですが、遠い過去のことを聴取するのは避けましょう。

　設問にもよりますが、過去のことを聞くにしても 3 ヶ月前までが限界なのではないかと感じています。

②選択肢バイアス

　選択肢に漏れ・ダブリがあると、回答できない人が無理に回答をすることとなってしまいます（いわゆる MECE）。

　例えば、このブランドが好きですか？という設問に対して、はい・いいえの 2 択だった場合、ブランドを知らない人、知ってはいるが好きでも嫌いでもないという人は答えられません。無理やりいいえと回答する

ことになってしまいます。

　これを避けるために、「知らない」や「どちらともいえない」といった選択肢を用意し、誰でも回答できるようにすることが肝要です。

③順序バイアス

　選択肢の順序による何らかの影響を受けて、ある方向に偏ることをいいます。例えば、選択肢が15個ある場合、上段の選択肢もしくは下段の選択肢に回答が集中してしまいます。これを避けるために、ランダマイズ（回答者によって表示順をランダムに変える）の設定が必須となります。

④タイトルバイアス

　アンケートを行う時に必ず最初にアンケートのタイトルを書きますが、実はこのタイトルの付け方も非常に重要です。というのは、このタイトル次第で回答が大きく偏ってしまう可能性があるからです。基本的にタイトルは、調査の内容を回答者に推測させないようなものをつけましょう。

　例えば、お酒に関する調査というタイトルだった場合、お酒の調査だとわかってしまうので、普段はお酒を飲まない人もアンケートに答えたいからという理由で飲むことを前提に回答してしまう可能性が出てきます。そうなると、お酒を飲まない人の回答が含まれることになりますので、結果が歪んでしまうことになります。そうならないために、飲料や食品といったタイトルにするとよいです。

⑤社会適応性バイアス

　人間には、『自分は良い人間だと思われたい』という心理があります。それを前提とすると、設問の仕方に注意する必要がでてきます。

　例えば、ネットでの誹謗中傷の書き込みや拡散をしたことがある人の割合を調査しようとする場合、あなたはネット上に、誹謗中傷を含むコメントや文章を掲載、拡散したことはありますか？と聞いても、「ある」とは答えにくくなります。

　これら以外にも認知バイアス（ハロー効果、認知的不協和など）や同意バイアス、アンカリング、名声バイアスなど様々な「バイアス」が存在します。知らず知らずのうちに、偏見や先入観、偏りを与えているかもしれませんので、設問文や選択肢を考えるときにはこの点を留意することが必要です。

5» 回答形式を考える

　インターネットリサーチには、選択回答や自由記述の2つの回答形式があります。自由記述は、字のごとく思ったことや考え・意見等をそのまま言葉で回答してもらう回答形式です。

　例えば、ある商品を購入しなくなった要因を調査したいと考えた場合、1年前まで購入していた人に、購入しなくなった理由を確認します。

　この場合、購入しなくなった理由は様々な要因が考えられますので、選択肢を設けるよりも、自由記述で回答してもらった方が広い意見を得ることができます。

　次に、選択回答ですが、選択回答といっても目的や用途に応じて、使い分けをする必要があります。選択回答の種類は主に下記の通りです。

①当てはまるものを全て回答してもらう**複数回答**（マルチプルアンサー）
　例えば、ある商品の認知度を確認する際に、複数商品を選択肢として設けて、その中から知っているものを回答してもらいます。
　知っているものですから、ひとつではなく複数当てはまる可能性があるため、複数回答（マルチプルアンサー）を用います（図表 5-5）。
②複数回答だが全てではなく回答できる上限を設定した**リミテッドアンサー**
　例えば、商品が10個あり、その中で好きなものを回答させる際、10個だと当てはまるものが多くなり、結果に差が見られなくなることがあ

図表 5-5　複数回答

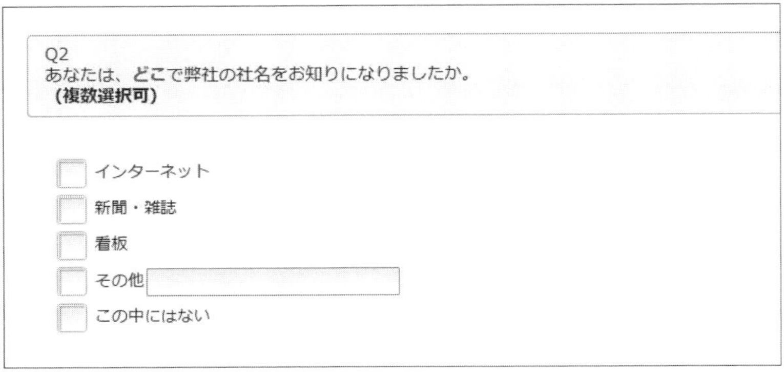

Q2
あなたは、どこで弊社の社名をお知りになりましたか。
（複数選択可）

☐ インターネット
☐ 新聞・雑誌
☐ 看板
☐ その他
☐ この中にはない

ります。選択肢が少ないが複数回答できるような設問の場合は、回答できる個数に上限を設定するとよいです。

　Q.好きな順に3つまでお知らせください。の場合は最大で3つまでしか回答できません。

③当てはまるものをひとつだけ回答してもらう**単一回答**（シングルアンサー）

　例えば、年収を確認する場合、選択肢を用意しますが、年収が複数あることはないので、単一回答となります。また、最も好まれているものなど「最も」を確認したい場合も単一回答となります（図表5-6）。

④複数の質問に対して同じ選択肢を表示して回答してもらう**マトリクス**

　この場合も複数回答と単一回答があります。マトリクス形式の場合、設問が多くなりすぎると回答の負担が大きくなりますので要注意です。

⑤感情的なイメージを対立する形容詞の対を用いてどちらよりかを回答してもらう**SD法**

⑥評価の段階を設けて尺度化する**5件法**（7件法）

　5段階（7段階）ともいいますが、ある商品の好きな度合いや購入し

図表 5-6　単一回答

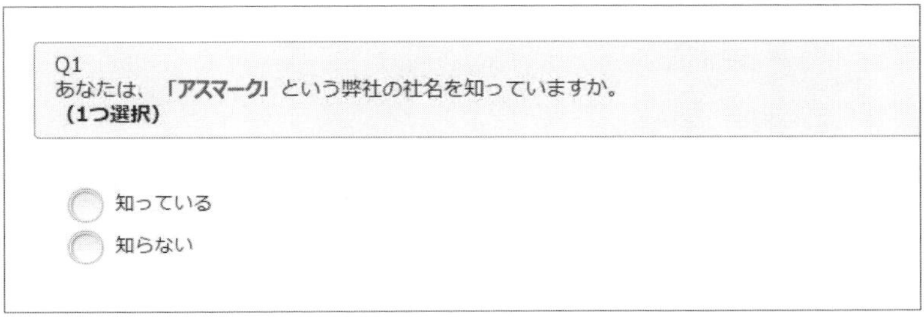

Q1
あなたは、「**アスマーク**」という弊社の社名を知っていますか。
（1つ選択）

○ 知っている
○ 知らない

たい度合いを確認する場合などに用いられます（図表5-7）。

　例えば、この商品を今後購入したいと思いますか。という設問に対して、非常に買いたい、やや買いたい、どちらともいえない、あまり買いたくない、全く買いたくない　というように、買いたいから買いたくないまでを尺度化して回答してもらいます。

　5件法と7件法のどちらが適切かについては、決まりがあるわけではありませんが、重要な指標となり得る上記のような購入意向では7件法の方が望ましいとされています。しかし、実情は1問だけ尺度を変えることは少なく、尺度化する場合はすべて5件法もしくは7件法で統一されることが多いです。

⑦当てはまる順に順位をつけてもらう順位法

　選択肢の中で優劣をつけたい場合に、順位をつけてもらう方法を取ることがあります（図表5-8）。

　例えば、商品が複数ありその中で自社の商品が何番目に好まれているかを確認したい場合は、好きな商品の順に1位から3位まで回答してもらいます。

図表 5-7　マトリクス

Q6
あなたは、次にあげる弊社の各サービスについて、詳しい内容をご存じですか。それぞれについてお知らせください。
（それぞれ1つずつ選択）

ヨコに回答→	詳しく知っている	大体知っている	どちらともいえない	あまり知らない	まったく知らない
インターネットリサーチ	○	○	○	○	○
ホームユーステスト	○	○	○	○	○
リサーチモニターのご提供	○	○	○	○	○
アンケートシステムのご提供	○	○	○	○	○
グループインタビュー	○	○	○	○	○
会場調査	○	○	○	○	○
ミステリーショッパー	○	○	○	○	○
郵送調査	○	○	○	○	○
デプスインタビュー	○	○	○	○	○

Q7
あなたは、次にあげる弊社の各サービスをいつご利用しましたか。
（それぞれ複数選択可）

ヨコに回答→	2年前	1年前	半年前	3ヶ月前	1ヶ月前	利用してない
インターネットリサーチ	☐	☐	☐	☐	☐	☐
ホームユーステスト	☐	☐	☐	☐	☐	☐
リサーチモニターのご提供	☐	☐	☐	☐	☐	☐
アンケートシステムのご提供	☐	☐	☐	☐	☐	☐
グループインタビュー	☐	☐	☐	☐	☐	☐

図表 5-8　順位法

Q8
実際、ご利用していただいた弊社の各サービスの満足度に優先順位をお知らせください。
（それぞれ1つずつ選択）

タテに回答↓	1位	2位	3位
インターネットリサーチ	○	○	○
ホームユーステスト	○	○	○
リサーチモニターのご提供	○	○	○
アンケートシステムのご提供	○	○	○
グループインタビュー	○	○	○
会場調査	○	○	○
ミステリーショッパー	○	○	○
郵送調査	○	○	○
デプスインタビュー	○	○	○

第 6 章

調査の進め方：
スクリーニング調査と
本調査

●定量調査には、ユーザーを抽出するスクリーニング調査と本調査の2段階があり、続けて行うことが多いですが、出現率が読めない場合などは、分けて行うこともあります。
●回答期間が長いほうが回答率が高まる傾向にありますが、インターネット調査の場合はあまり関係ありません。ただし、夕方以降や休日を挟むと回答率は高まります。
●誰に何を聞くかによって主に使用するデバイスは変わりますが、最近はスマホの比率が高まっています。
●アンケートを作成して配信する前に、自分で一度回答してみて、違和感がないか確かめるようにしましょう。

1 ›› スクリーニングと本調査を別にするか、一本にするか

　定量調査（インターネットリサーチ）では、スクリーニング調査と本調査の2本の調査をセットで実施します。

　スクリーニング調査とは、予備調査やプレ調査とも呼ばれ、「誰に何を聞きたいか」の「誰に」を抽出するための調査という位置づけです。チョコレートのAという商品のユーザーに対して、リニューアルのパッケージ評価をとろうとした場合、先ずはチョコレートのAという商品のユーザーかどうかを確認しなければいけません。その調査をスクリーニング調査とよびます。

　本調査とは、「誰に何を聞きたいのか」の「何を」を聞く調査です。スクリーニング調査で、ユーザーを抽出したら、ユーザーに対してパッケージを提示して評価を得るのが本調査の役割です。本調査の対象者「誰に」がどのような条件なのかによって、スクリーニング調査のボリュームは変わりますが、最も重要なのが"出現率"です。出現率とは、対象者となる条件に100人中何人が合致するかという割合です。対象者とな

る条件が複雑になればなるほどその割合は小さくなります（図表6-1）。

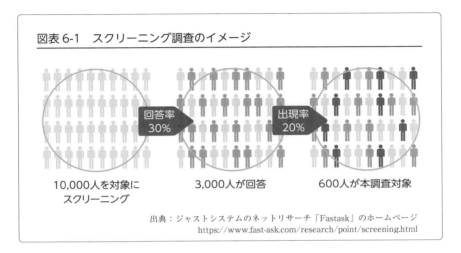

図表6-1　スクリーニング調査のイメージ

回答率
30%

出現率
20%

10,000人を対象に
スクリーニング

3,000人が回答

600人が本調査対象

出典：ジャストシステムのネットリサーチ「Fastask」のホームページ
https://www.fast-ask.com/research/point/screening.html

　例えば、「Aというチョコレートを毎日5個以上購入している人」という条件を設定したとします。普通に考えて同じチョコレートを毎日5個以上購入している人などいるはずないですよね。このように出現率が極めて低いことが想定される場合は、対象者の条件を見直すか、スクリーニング調査と本調査を分けて実施します。

　アスマーク社では、スクリーニング調査を通過した人がそのまま本調査に進む予備本一気通貫型が多いのですが、出現率が低いことが想定される場合や、出現率が読めない場合にはスクリーニング調査の結果を踏まえて本調査の対象者条件を設定する予備本分割型で実施するケースもあります。

2 »アンケートの回答期間や回答デバイスはどうするか

◆ 回答期間はどうすればよいか？

郵送調査においては回答率を上げるために回答期間を長く設定するこ

とは重要ですが、**インターネットリサーチでは、期間の長さはあまり関係ありません**。アンケートシステムにより、必要サンプルの回答が集まった段階でクローズするので、集まれば1日、集まらなければ集まるまでアンケートの回収を続けることになります。

　では、いつでもよいのか？　というとそのようなことはありません。回答者が回答しやすい時期を選ぶことは回答率（協力率）を上げるために重要です。回答しやすい時期というのは、平日より休日、日中より夕方以降といった具合です。

　しかし、休日といってもゴールデンウイークやお盆、年末年始のような長期休暇時は調査を実施しないのが通例です。長期休暇時は、通常時とは異なる心理状態にあります。さらに、普段しないことをしたり、普段していることをしなかったりと、生活リズムや消費行動が大きく変わってしまうことから、このような時期の調査は避けるのがベターとされています。

◆ 回答デバイスはどうするのか？

　回答デバイスというのは、アンケートを「何で」回答するかということです。パソコンなのか、スマホやタブレット端末なのか、この点は回答精度に大きく関わりますので、軽視できません。「誰に何を聞く調査なのか」をベースに、パソコンとスマホどちらの回答がよいのかを検討しなければいけません。例えば、

　・若年向け調査の場合は…スマホ必須
　・シニア向け調査の場合は…パソコン推奨
　・文字入力が多い場合…パソコンが良い

などのケースが考えられます。また、日本マーケティングリサーチ協会の発表によると（図表6-2）、スマホが普及して以降、インターネットリサーチのアンケート回答はスマホの使用率が急伸しており、特に20代でその傾向が顕著にみられます。このデータは2016年時点であるため、現在ではさらにスマホの使用率が高まっていると推測されます。

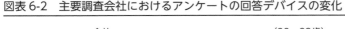

図表6-2　主要調査会社におけるアンケートの回答デバイスの変化

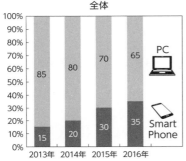

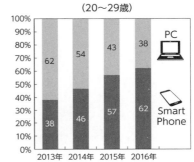

出典：（一社）日本マーケティングリサーチ協会　インターネット調査品質小委員会調べ

参考：https://www.crs.or.jp/backno/No722/7221.htm

　では、全てスマホにすればよいかというと、上述したようになかなかそう簡単にはいかないのが難しいところです。スマホ使用率が高まっている状況に鑑みて、誰に・どのような内容を回答してもらいたいのかによって、スマホ回答のみ（もしくは推奨）、パソコン回答のみ（もしくは推奨）といった回答デバイスの選択をしていきたいところです。

3 ≫ アンケート配信前にプレ回答をする

　調査票を作成し、サンプルサイズと割付、調査対象者を決め、スクリーニングと本調査を分けるか否か、回答デバイスの検討までできたら、実際に回答してもらうアンケート画面を作成します（図表6-3）。

図表 6-3　アンケート画面

Q1.
あなたは●●●に対して、総合的にどのくらい満足していますか。
あてはまるものをお知らせください。（1つ選択）

○ とても満足
○ やや満足
○ どちらともいえない
○ やや不満
○ とても不満

出典：アスマーク社のアンケートデモ画面

　アンケート画面が完成したら、回答者（アンケートモニター）にアンケートを配信し、回答して頂きますが、その前に必ず自身でアンケートの回答をするようにしましょう。

・エクセルで作成した調査票がどのように画面に落とし込まれているのか？
・回答しやすいか？
・回答負荷はどうか？
・回答時間はどの程度かかるか？
・スマホでの回答に問題はないか？
・回答していて設問順に違和感はないか？
・何のことをいっているのだろうか、といった無駄な思考を働かせていないか？

　このあたりについて、実際に回答する側に立って回答するようにしてください。必ず何かしらの気づきが生まれるはずです。言い回しがくどかったり、必要以上に文章が長かったり、途中で飽きる内容だったり…。このような気づきが発生したら、必ず修正した上でアンケートを回答者に配信するように徹底しましょう。

　くれぐれも、**"あれもこれも"盛り込むのはやめましょう**。回答負荷は、データの精度に直結するということを肝に銘じましょう。

第 7 章

リサーチャーのジレンマ

> ●ファンマーケティングとは、一部の熱狂的なファンとの関係づくりを目指すものだが、ファンの定義は難しい。
> ●ファンマーケティングでグローバルに用いるNPSは日本ではなじまないので、NRSの方が適している。
> ●定量調査は仮説検証、因果的、記述的調査が主な役割であり、アイデア開発や潜在ニーズの探索には適していない。

1 » ファンマーケティングの課題

◆ ファンとは誰なのか

ファンマーケティングとは、不特定多数の消費者を商品の購買やサービスの利用に誘導する従来の考えとは反対に、一部の熱狂的なファンに、繰り返し商品を購買したり、サービスを利用してもらったりすることを目指すマーケティング手法のことです。

皆さんは、いつも買うモノや利用しているサービスはありますか？

・毎朝、出勤前にコンビニでいつも 500ml のお茶を買っている

・金曜日はいつも同じ居酒屋に行っている

・スマートフォンの契約会社はもう何年も変えていない

では、あなたはそのファンといえるでしょうか。そう、ファンとは、単なるリピーターのことではありません。リピーターは、より良いものが出てきたらすぐに乗り換えてしまうのです。

ここでのファンとはリピーター、すなわち行動ロイヤルなユーザーではなく、感情ロイヤルなユーザーのことを指します。以下がその例です。

・いつも作るカレーはこのブランドと決めている

・よく買うチョコレートはこれじゃないとダメだ

・よく利用するカフェはこの店のこの席がお気に入りだ

　ファンは図表7-1のように図式化できますが、マーケティングリサーチに従事している私の所感では、ロイヤルユーザー＝ファンと定義されることが多いようです。

　しかし、ファンという言葉がひとり歩きしてしまい、人によって捉え方がまちまちでは、議論は成立しません。

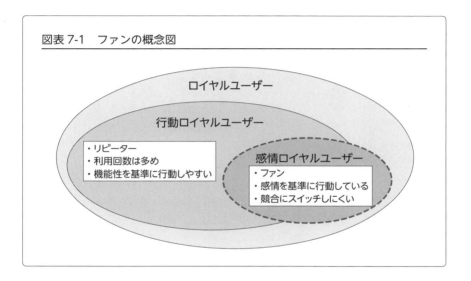

図表7-1　ファンの概念図

ロイヤルユーザー

行動ロイヤルユーザー

・リピーター
・利用回数は多め
・機能性を基準に行動しやすい

感情ロイヤルユーザー
・ファン
・感情を基準に行動している
・競合にスイッチしにくい

◆ 一朝一夕ではファンは作れない

　熱狂顧客なのか、企業・ブランドファンなのか？熱狂顧客というのは、一時的なブームで獲得できている一過性のロイヤルカスタマーで、ファンではありません。

　ファンをつくることは、既存顧客の維持が基本となり、一朝一夕で作り上げられるものでもありません。

　マーケティングのタイプでいうと、熱狂顧客は狩猟型マーケティング。ファンは農耕型マーケティングによって育成されたカスタマーといえます。ということで、ファン＝ロイヤルカスタマーと位置づけて、ロイヤルティという指標について考えてみます。

◆ ロイヤルティのグローバル指標としてのNPS

　では、ロイヤルカスタマーの定義はどう定めればよいのでしょうか？
NPS（Net Promoter Score）はロイヤルティのグローバル指標として
多く採用されていますが（図表7-2）、この指標は、日本人には不向きな
のではないかと考えています。日本人は極端な回答を避ける傾向にあり、
無難な回答に終始しがちだからです。多くの調査でNPSはマイナスス
コアになるのが当たり前になっており、マイナスのスコアで良し悪しを
判断することにはやはり疑問が残るものです（トラッキング調査で、
NPSがマイナスだけど、前年より高くなりましたね…という疑問）。

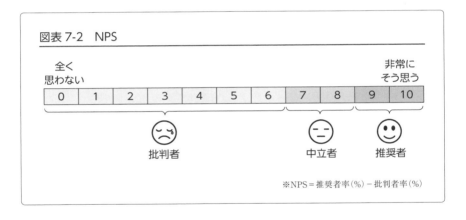

図表 7-2　NPS

※NPS＝推奨者率(%) − 批判者率(%)

◆ 主なNPSの問題点とNRS

これら以外にも、NPSの問題点はいくつかあります。

①11段階だと人によってその段階の重みづけが異なることがある

　推奨したいと思っていても控えめに7を付けるなど→この場合中立
と分類される

②自分では大いに気に入っているが人には薦められないケースがある

・気に入り過ぎて他の人に推奨したくない。真似されたくない。

・商品特性によっては人に薦めない（保険やランジェリー品、オタク

系など）

・仲のよい友人は皆知っているので薦めない

・薦める人が少ない（友人がいない）

　このような問題があるため、NPS に代わるロイヤルティの指標はないものかと模索している中、IS ラボが考案した **NRS**（Net Repeater Score）というものにたどり着きました。

　NRS とは、継続利用の意向をロイヤルティのメイン指標としたものです（図表 7-3）。

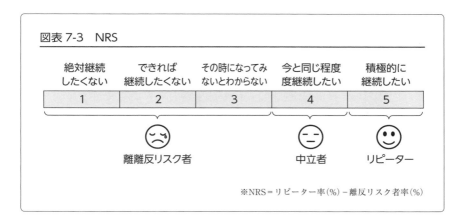

図表 7-3　NRS

絶対継続したくない	できれば継続したくない	その時になってみないとわからない	今と同じ程度継続したい	積極的に継続したい
1	2	3	4	5

離離反リスク者　　　　　　　　　　中立者　　　　リピーター

※NRS＝リピーター率（%）−離反リスク者率（%）

　Q.　あなたは、1 年後に●●を継続して購入・使用したいと思いますか。今の気持ちに最も近いものをひとつお知らせください。

　アスマーク社では、この設問に「競合を含め価格は据え置き」という前提を加えています。安ければ…という思考を排除するために前提条件をつけています。NPS の 11 段階では個人の重みづけに差が生じていましたが、継続利用の意向という単純な設問による回答のため、正確性が向上します。

◆ 3種類のロイヤルティ

　また、ロイヤルティについては、以下の3種類に分類することができます。

　①経済ロイヤルティ：購入金額が多いかどうか etc

　②行動ロイヤルティ：利用頻度が高いかどうか etc

　③心理ロイヤルティ：継続利用、推奨意向が高いかどうか etc

　　※顧客からみた企業や商品への愛着度合いともいえる

　ロイヤルティといってもその会社、ブランドにとってのロイヤルティとは何なのか、今一度確認・整理するのがベターだと思います。この中でもとりわけ、3の心理ロイヤルティが重要となります。NRSとは、この心理ロイヤルティを定量化したものなのです。

　この3つのロイヤルティを図式化すると図表7-4のようになります。

　この心理ロイヤルティを活用して、自社のブランドが「良い売上」か「悪い売上」なのか、数字ではなく、その内容を精査することが肝要です（図表7-5）。自社ブランドがどういう構成かというのは、NRSによる分類の3つのカテゴリーで確認するのがよいでしょう。

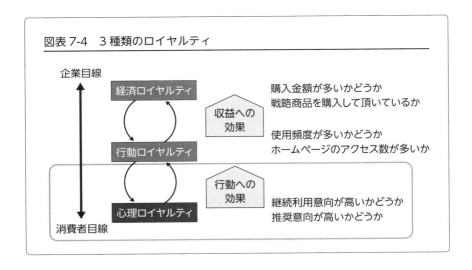

図表7-4　3種類のロイヤルティ

図表 7-5　心理ロイヤルティ

			〈中〉	〈高〉
〈低〉				
未来のリスク 悪い売上			今を支える 不確実な売上	未来を支える 良い売上
絶対継続 したくない	できれば 継続したくない	その時になってみ ないとわからない	今と同じ程度 継続したい	積極的に 継続したい
1	2	3	4	5

　①「1年後も積極的に継続したい」と回答した人を「未来を支える良い売上」、②「1年後は今と同じ程度継続したい」と回答した人を「今を支える不確実な売上」、③「1年後は継続したくない〜わからない」と回答した人を「未来のリスク / 悪い売上」と定義します。

　この定義にそってユーザー構成すなわち売上の構成が、どうなっているのか。その傾向を時系列で確認していくことこそ、ブランドの育成には不可欠だと考えます。その結果悪い売上比率が高い（増加している）場合は、対策が急務となります。

　満足度とロイヤルティは表裏一体ですが、レイヤーが異なります。ロイヤルティは満足の上位概念であることから、ロイヤルティの向上はブランド育成にとって必要不可欠です。合わない、しっくりこない指標を用いているようであれば、一度 NRS という指標を用いていてみるとよいのではないでしょうか。

2 》》マスマーケティングからの脱却

◆ 考えるべきは「想定顧客」

　このように、ファンやロイヤルカスタマーといった限られた人にフォーカスしてこそブランドは育ちます。そう考えれば、マスマーケティングという発想は脱却すべきです。性年代だけでターゲットを語る悪し

き習慣から脱却しましょう。

　N=1マーケティングや、N=3マーケティング、スモールマスマーケティングなどが重要だといわれて久しいですが、いまだにターゲットをマスで設定する企業が多い印象を受けます。

　・ターゲットは？　と聞くと、20～30代女性という
　・メインターゲットは？　と聞くと、20代の有職者という
　・ユーザーは？　と聞くと、20～50代の既婚女性という

　これに疑問を持たないほうがおかしいと思うのは私だけでしょうか？　ターゲットとは、想定顧客層のことを指しますが、これはマスマーケティングが主流だった一昔前の話だと思っています。

　そもそも、20代女性とはどんな人ですか？　どんなライフスタイルで、どんなものを好んでいる人でしょうか？　100人に聞いたら100通りの20代女性がいるでしょう。そのような人をターゲットとするのは、ターゲットを設定しているようで、何も目標がないに等しいのではないでしょうか。「設定している感」でしかありません。

　さらに、いま考えるべきは「想定顧客」であり、層という複数形ではありません。

　なぜか？　購買行動の背景には、必ず何らかのきっかけがあり、それは行動を追うだけではわからないからです。顧客一人を分析する「N1分析」で重要なのは、購買行動を左右している根本的な理由を見つけることです。それは多くの場合、顧客自身も明確に意識できておらず、直接「その理由は何ですか？」と尋ねても答えられませんし、答えていただいても、おそらく真実ではありません。

◆ アイデアの創出は一人の理解から

　購買行動に直結している理由とは、その顧客が「購入しているブランドが自分にとって特別な便益をもたらしてくれる」と心理的に認識するに至ったきっかけです。ほとんどの場合、一人の顧客の心理を変えるきっかけは一つに集約されます。

　何らかのコミュニケーションや体験を通じて、そのブランド独自の魅力的な便益を認識して初めて購入した、つまり顧客化したときの重要なきっかけ、さらにロイヤル化した重要なきっかけが何だったのかを、N1分析で見つけます。

　「アイデア」創出のために有効な調査は、統計学とは違います。確かに大まかな傾向や差を知るには、一定のN数が必要ですが、大量な人数を調査するほど「アイデア」がつかめるというのは誤解です。

　具体的なN＝1の個人レベルまで徹底的に深堀りしなければ、マーケティングの成果は望めません。論理だけで突き詰めたマーケティングの限界です。

◆ 定量調査でできること

　こういった考え方を持たず、アイデアを探索するために、大勢の人に聞いてどのようなニーズがあるかを探るといったリサーチでは、これといったアイデアは得られないでしょう。

　大勢の人から出る意見は、既に広く顕在化しており世の中に商品が存在していることが多いです。

　これまでにない新商品を開発しようとするなら、大勢に聞くというマス思考ではなく、ひとりを理解するN＝1思考に切り替えなければなりません。

　誰に何をいくらでどのように売るのか！　というように、「誰に」が最も重要で、そこが曖昧な状態で開発された商品に斬新さや新奇性は望めません。ありきたりな商品、よくある商品にとどまるのが関の山です。

　また、少サンプル＝根拠がない＝上司を説得できない、という声が多く、定量調査（インターネットリサーチ）で潜在ニーズの探索やアイデア探索をしたいという声を多く聞きます。

　インターネットリサーチは顕在化した情報に基づき、仮説検証や因果的、記述的調査をすることが主な役割ですので、潜在ニーズの探索やアイデア探索には向いていません。

潜在化している情報を拾うには心理学的なアプローチが必要となり、一問一答形式のアンケートでは限界があります。そのため、深層心理に迫りたい場合は、定性調査を選択しましょう。そして定性調査で顕在化した情報を、定量調査で検証するという流れをとることで、「少サンプル＝根拠がない＝上司を説得できない」というクライアント側のジレンマを解消することができます（図表7-6）。

図表 7-6　定性調査と定量調査の使い分け

定性調査
潜在ニーズの探索

ニーズの顕在化

定量調査
顕在化したニーズ
の検証

本章の執筆にあたり、以下の書籍を参考にしました。
諏訪良武監修／渡部弘毅著『心理ロイヤルティマーケティング 「心の満足」と「頭の満足」を測り、科学的にロイヤルティを高める方法』（翔泳社）
西口一希『たった一人の分析から事業は成長する 実践 顧客起点マーケティング』（翔泳社）

第 8 章

集計分析とグラフ作成

●実査が終了した後で後悔しないように、調査企画の段階で分析計画を立てておくことが大事です。

●グラフは明らかにしたいことに応じて使い分けましょう。ただし、グラフの見せ方によっては実態と異なる印象を与えることがあるので気をつけましょう。

1 » どのような軸でクロス集計を行うかは実施前に決めておく

アンケート調査は、実査が終了した段階で「この設問ではうまく分類できないな」「もっとこんな軸があれば切れ味が鋭い分析ができるのに」といっても遅いのです。

調査企画の段階で、予め集計方法と分析計画を立てておくことが肝要です。なお、集計方法は数量データとカテゴリーデータで異なります。

◆ 数量データの集計方法

平均値は代表的な指標です。平均値は極端に大きな数字が含まれている場合に上振れします。直感とずれることがありますので、平均値と合わせて以下の代表値を算出するようにしましょう。

● **中央値**：データを上から下まで並び替えた時に中央に位置する数値
● **最頻値**：データの中で最も多く存在する数値
● **最大値**：最も大きな値
● **最小値**：最も小さな値

また数値を加工するだけでなく、ヒストグラム（度数分布表）を作成すると、ビジュアルにデータの分布状況を把握することができます。

ヒストグラムは、横軸にデータの範囲を、縦軸にその範囲内にあるデータの数（度数）をとったグラフです。

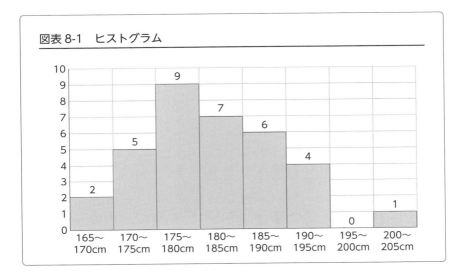

図表 8-1　ヒストグラム

図表 8-1 はあるプロスポーツチームの身長データでヒストグラムを作成したものです。

平均値は 182cm ですが、最も人数が多いのは 175cm ～ 180cm で 9 名です。200cm 超の選手が 1 名いるので平均値が上振れしているのです。

代表値は、図表 8-2 の通りです。

最終行にある標準偏差という指標は、データのバラツキ度合いを示すものです。標準偏差の値が大きい程、データが広い範囲に分布していることを示しています。数量データの集計は、上記のデータ、代表値とヒストグラムの作成を行いましょう。

図表 8-2　代表値

平均	182
中央値	180
最頻値	187
最大値	204
最小値	168
標準偏差	7.9

◆ カテゴリーデータの集計方法

カテゴリーデータの集計は、まずアンケートの設問ごとに各選択肢について何人回答したか単純集計（GT：グランドトータル）を行います（図

表 8-3)。

図表 8-3　単純集計の例（パソコンのベンチマークテスト）

設問	選択肢	度数	構成比
パソコンの使用 目的（SA）	プライベート利用 プライベートとビジネスの両方 ビジネスのみ 合計	1,148 508 11 1,667	68.9% 30.5% 0.7% 100%
パソコン利用場 所（MA）	自宅のリビング・ダイニング 自宅の自室・寝室・個室 会社や学校のデスク・机 会社の会議室やミーティングコーナー 出先の自社以外の会社 カフェやファミリーレストランなどの飲食店 図書館やコワーキングスペース 出張時のホテルなど 交通機関での移動中（飛行機や新幹線など） その他	1,434 1,224 295 171 205 691 520 347 427 13	86.0% 73.4% 17.7% 10.3% 12.3% 41.5% 31.2% 20.8% 25.6% 0.8%

　選択肢ごとに度数（回答数）をカウントし、構成比を算出します。構成比の算出方法は、回答形式によって異なります。**SA（シングルアンサー）** は、総回答数に対する構成比を算出します。SA の場合、総回答数と回答人数は同じですので、度数の合計値を分母に、選択肢毎の回答数を分子として構成比を算出します。グラフは割合の大きさが一目で分かりますので、円グラフが適切です（図表 8-4）。

　一方で、**MA（マルチプルアンサー）** は少し注意が必要です。各回答数の合計で構成比を算出するのではなく、回答人数を母数として構成品を算出します。上の例では、パソコンの利用場所の「自宅のリビング・ダイニング」の構成比は、1,434 ÷ 1,667 で計算します。グラフは合計で 100% になりませんので、棒グラフが適切です（図表 8-5）。アンケート調査では、選択肢の文字数が多いことがあるので横棒グラフの方がグラフの大きさを調整できるため便利です。この時に選択肢の構成比を降順にして並び替えておくことがポイントです。そうすることで何が最も

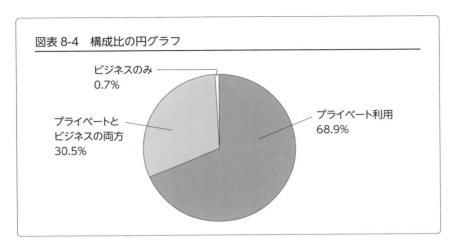

図表 8-4　構成比の円グラフ

ビジネスのみ
0.7%

プライベートと
ビジネスの両方
30.5%

プライベート利用
68.9%

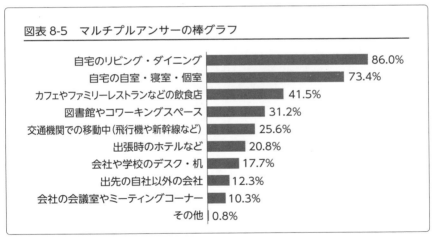

図表 8-5　マルチプルアンサーの棒グラフ

自宅のリビング・ダイニング	86.0%
自宅の自室・寝室・個室	73.4%
カフェやファミリーレストランなどの飲食店	41.5%
図書館やコワーキングスペース	31.2%
交通機関での移動中（飛行機や新幹線など）	25.6%
出張時のホテルなど	20.8%
会社や学校のデスク・机	17.7%
出先の自社以外の会社	12.3%
会社の会議室やミーティングコーナー	10.3%
その他	0.8%

多いのか、2番目は何かなど目で追わなくても良いのでグラフを見る人にとってわかりやすく表現することができます。ただし「その他」はどんなに構成比が大きくても最後の項目におきましょう。

　カテゴリーデータを属性別に集計するものを**クロス集計**といいます。

　図表 8-6 のように、性別（男女別）で購入パソコンの使用目的や利用場所を集計したものを**クロス集計表**といいます。

図表 8-6　クロス集計 構成比表の例（パソコンのベンチマークテスト）

設問	選択肢	合計	男性	女性
購入パソコンの使用目的（SA）	プライベート利用	68.9%	61.0%	78.3%
	プライベートとビジネスの両方	30.5%	37.8%	21.7%
	ビジネスのみ	0.7%	1.2%	0.0%
購入パソコン利用場所（MA）	自宅のリビング・ダイニング	86.0%	82.1%	90.7%
	自宅の自室・寝室・個室	73.4%	73.9%	72.9%
	会社や学校のデスク・机	17.7%	21.3%	13.4%
	会社の会議室やミーティングコーナー	10.3%	13.1%	6.9%
	出先の自社以外の会社	12.3%	16.2%	7.5%
	カフェやファミリーレストランなどの飲食店	41.5%	37.7%	46.0%
	図書館やコワーキングスペース	31.2%	29.1%	33.7%
	出張時のホテルなど	20.8%	25.6%	15.1%
	交通機関での移動中（飛行機や新幹線など）	25.6%	27.4%	23.4%
	その他	0.8%	0.5%	1.1%

SA の場合には帯グラフが、違いを明確に表現できるので適切です（図表 8-7）。

この例では、女性が圧倒的にプライベート利用であることがわかります。

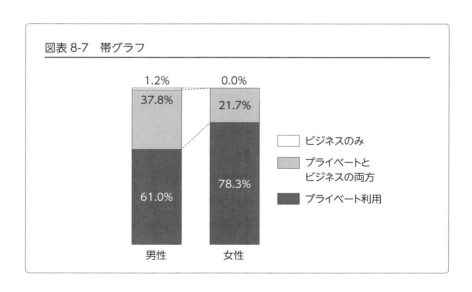

図表 8-7　帯グラフ

MA の場合には横棒グラフを並べると違いが明確になります（図表8-8）。この事例では、女性はリビングが多いですが、男性はホテルや会社などの外出先でのパソコン利用が女性よりも多いということがわかります。

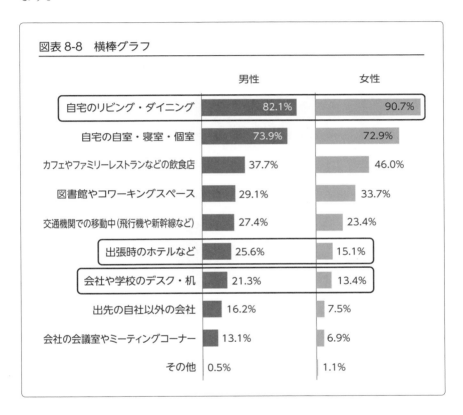

図表8-8　横棒グラフ

	男性	女性
自宅のリビング・ダイニング	82.1%	90.7%
自宅の自室・寝室・個室	73.9%	72.9%
カフェやファミリーレストランなどの飲食店	37.7%	46.0%
図書館やコワーキングスペース	29.1%	33.7%
交通機関での移動中(飛行機や新幹線など)	27.4%	23.4%
出張時のホテルなど	25.6%	15.1%
会社や学校のデスク・机	21.3%	13.4%
出先の自社以外の会社	16.2%	7.5%
会社の会議室やミーティングコーナー	13.1%	6.9%
その他	0.5%	1.1%

　最近ではグラフを作成するのにさほど手間がかかりませんが、それでも設問ひとつひとつにグラフを作成していたのでは時間がいくらあっても足りません。そんな時には、**条件付き書式設定**を活用して特徴的な箇所をマーキングしましょう。

　条件付き書式設定は、一定の条件に合致したセルの書式を（自動的に）変更できる便利な機能です。

先ほどのクロス集計表で、「男性の値－女性の値」を計算する列を作り、その列に上位2項目と下位2項目の書式を変更する加工をしたのが図表8-9です。上位2項目（男性の方が数値が高いセル上位2項目）には、薄い網掛けで太字にしています。また下位2項目（男性の方が数値が低いセル下位2項目）は白抜きの数字にしています。

　このような加工をすれば選択肢ひとつひとつをチェックしなくても注目すべき箇所が一目瞭然となります。

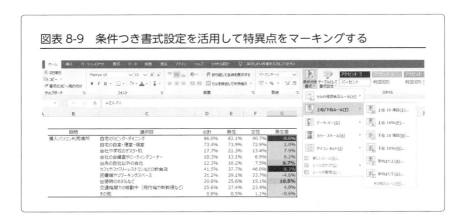

図表 8-9　条件つき書式設定を活用して特異点をマーキングする

　条件つき書式の設定は、上位項目、下位項目の他に、数式を入力して合計よりも5ポイント以上高いセルや、5ポイント以上低いセルなどを強調することもできます。

　膨大な量のクロス集計表を読み込む際には、便利な機能ですので、是非一度チャレンジしてみてください。

2 » 集計結果、分析結果を端的に表すグラフの作成法

　グラフを作成することによって集計表では気づかない箇所を認識することができます。グラフを作成してはじめて気づくこともあります。ま

た調査レポートの受け手に訴求点を強調することもできます。

　様々な種類がありますが、これだけは覚えておいてほしい最低限のグラフについて解説していきます。

◆ 円グラフと帯グラフ

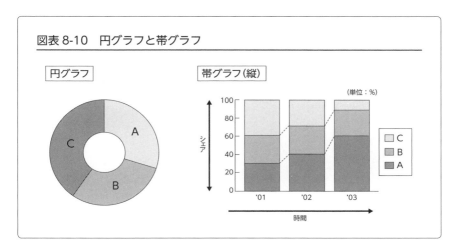

図表 8-10　円グラフと帯グラフ

　円グラフは構成比を表すグラフの代表的なものです。全体の中で、特徴的に多い属性がある場合にはインパクトを持たせることができます。感覚的にどの要素が高いのかわかりますので論点を訴求することにも役立ちます。

　ただし構成比の推移を示すときには、円グラフより**帯グラフ**の方が適切でしょう。どの属性が増えたのか（減ったのか）一目瞭然となります（図表 8-10）。

◆ 棒グラフ

　長期時系列のデータは**棒グラフ**、もしくは折れ線グラフを使いましょう。
　系列が１つの場合には、棒グラフが長短を明確に示しているので年度ごとの数値の比較をするのにはわかりやすいと思います（図表 8-11）。

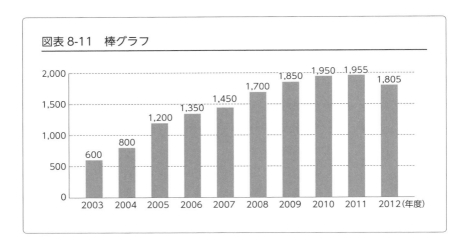

図表 8-11　棒グラフ

◆ 折れ線グラフ

　系列が2つ以上あって、その差を明確に示したいときには**折れ線グラフ**の方が良いでしょう（図表8-12）。

　左の棒グラフよりも、右の折れ線グラフの方が、Y商品が2016年までにその差を詰めていったが、再び売上差が広がっている状況が瞬時にわかります。

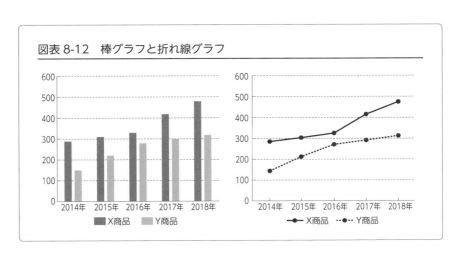

図表 8-12　棒グラフと折れ線グラフ

複数の系列がある時には線種（色・点線・太さ）を工夫して区別を明確にしましょう（図表8-13）。

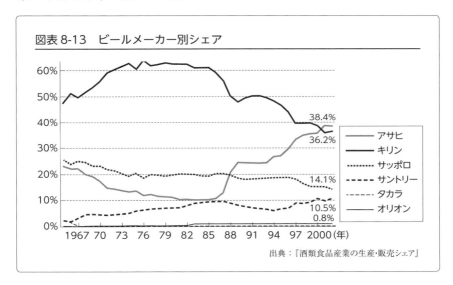

図表8-13　ビールメーカー別シェア

出典：『酒類食品産業の生産・販売シェア』

逆に項目が複数あり、それぞれが独立した意味を持っている場合には棒グラフの方が良いでしょう（図表8-14）。

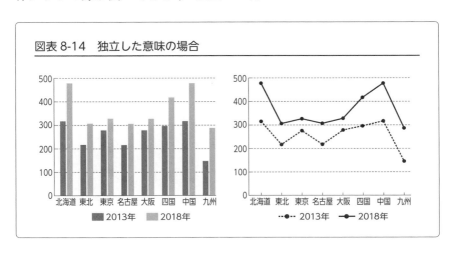

図表8-14　独立した意味の場合

項目（地域）はそれぞれ独立しているので、折れ線グラフの意味があ
りません。例えば北海道と東北、東京と線で結ぶ意味がないからです。
こうした場合は項目の比較がしやすい棒グラフの方が適切です。

◆ 散布図とバブルチャート

クロス集計表で2つの属性比較をする際に、特徴を明確に表現するに
は、**散布図**が有効に使えます。図表 8-15 は、スーパーマーケットのバ
イヤーの課題を MA（複数選択）で聴取した結果について散布図を作成
したものです。

散布図で着目すべきは3点です。まずは①右上です。右上にある項目
「定番売場の強化」は、全国チェーン、地域チェーンともに高い課題認

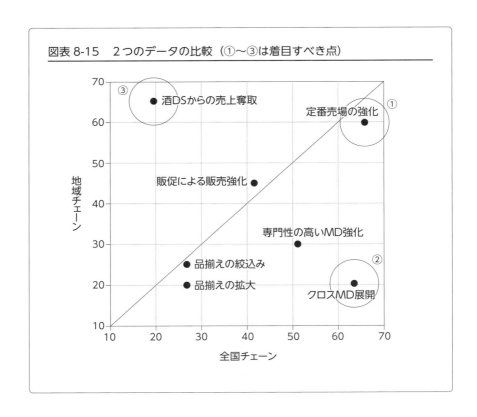

図表 8-15　2つのデータの比較（①〜③は着目すべき点）

識を持っている項目です。次に②右下の項目に着目します。「クロス
MD 展開」は全国チェーンの課題認識が高い項目です。そして③左上で
す。「酒 DS からの売上奪取」は地域チェーンの課題認識が高い項目です。
散布図を作成することによってクロス集計表では気づきにくい特徴的な
点について認識することができます。

　ちなみにエクセルのグラフ作成機能には対角線を描く機能がありませ
ん。図形作成機能で縦軸横軸の交わる箇所で対角線を引いてください。

　散布図は 2 つの項目について分析することができますが、3 つの項目
を盛り込みたいときにはバブルチャートが有効です。

　図表 8-16 は、菓子小売金額のカテゴリー別のデータを使って、x 軸（横
軸）にカテゴリーの全体に対する構成比を、y 軸（縦軸）に前年からの
増減率を置いています。こうした構成比や増減率は小売金額そのものの
情報を消してしまいますので、バブルの大きさでそれを表現します。

図表 8-16　2017 年カテゴリー別の菓子小売金額

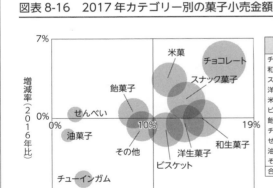

	構成比	増減率 (2016年比)	小売金額 (億円)
チョコレート	16%	5%	5,500
和生菓子	14%	0%	4,750
スナック菓子	13%	1%	4,284
洋生菓子	12%	0%	4,229
米菓	11%	3%	3,757
ビスケット	11%	−1%	3,650
飴菓子	8%	0%	2,620
チューインガム	3%	−5%	1,005
せんべい	2%	0%	736
油菓子	1%	−1%	503
その他	8%	−1%	2,864
合計	100%	0.9%	33,898

＊円の大きさは、小売金額

出典：全日本菓子協会「菓子類推定生産高」より作成

◆ ウォーターフォール

決算データの損益計算書のように、売上高全体からいくつかの経費を差し引いて、複数の利益を算出する場合には**ウォーターフォール**が便利です。ウォーターフォールはどの項目が最もインパクトを与えているのかがわかります。図表8-17の場合は売上原価が販管費よりも大きな減少項目であることがわかります。

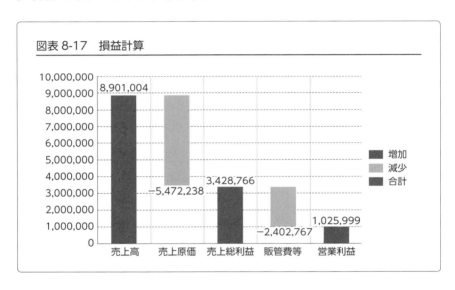

図表 8-17　損益計算

◆ 複合グラフ

2つ以上の系列を比較して表現する際には**複合グラフ**を使います。

図表8-18のようにA社B社の売上、利益を時系列に1枚のグラフに作成します。こうすることでA社は売上利益ともに横ばい状況が続いているのに対して、B社は2012年から急激に売上利益を高めていることがわかります。また売上はA社に及ばないものの利益ではA社をしのぐ金額ですので、非常に収益性の高いビジネスモデルを構築したと考えられます。

複合グラフを作成する際には、目盛軸を2つ使います。1軸（左目盛：売上）と2軸（右目盛：利益）の目盛罫線が同一間隔になるように留意しましょう。

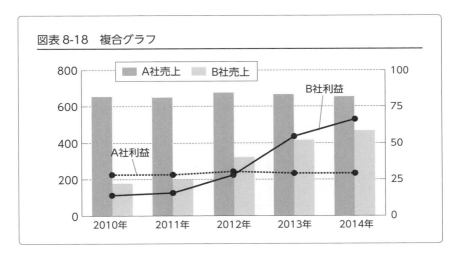

図表 8-18　複合グラフ

3 ≫ **グラフ作成の留意点**

グラフは視覚的にわかりやすい反面、錯覚や認識違いを起こすことがあるので注意が必要です。

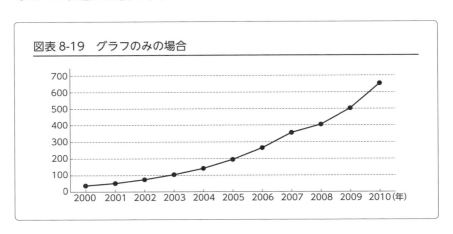

図表 8-19　グラフのみの場合

◆ グラフの傾きに惑わされない

図表 8-19 の折れ線グラフをみると、2009 年から数値が上昇し増加幅が広くなっているように見えます。コメントに「商品 A は近年増加しているだけではなく、増加スピードも増している」と書きたくなります。

図表 8-20　表もつけた場合

	2000年	2001年	2002年	2003年	2004年	2005年	2006年	2007年	2008年	2009年	2010年
売上高	30	45	67	95	135	190	260	350	400	500	650
前年増減率		50%	49%	42%	42%	41%	37%	35%	14%	25%	30%

ところが、前年増減率を算出すると、2009 年は 25%、2010 年は 30% に対して、2001 年は 50%、2002 年は 49% となっています（図表 8-20）。これは折れ線グラフの一番の難点で、グラフの角度（傾き）と増減率は一致しないのです。増加スピードを表現したいときには増減率を算出することをお勧めします。こうすればコメントとして「製品 A は、増加傾向が長期間続いている」となり間違った表現をしなくて済みます。

◆ 基準年を 100 とする……は魅惑の手法

報道番組などでよく使用されるグラフに○○年を 100 とした場合の推移を示したものがあります。このグラフの扱いには注意が必要です。図表

8-21は2000年を100とした時のAB2つの商品の売上推移を示しています。

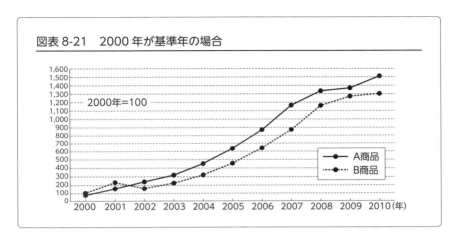

A商品の方がB商品を上回るグラフになっていますので、コメント
は「A商品の方がB商品よりも伸び率が高い傾向にある」となります。
これ自体は問題がないように思えますが、基準とする年を2001年にす
ると少し状況が変わってきます（図表8-22）。

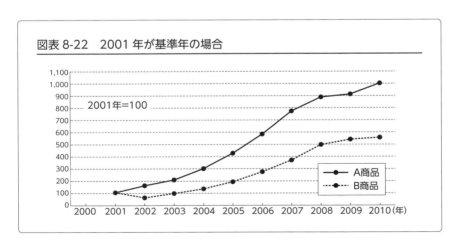

A商品とB商品の折れ線グラフの間隔差が広がりますので、コメントは「A商品の方がB商品よりもはるかに高い伸び率となっている」となります。

さらに基準年を2002年にすると驚きの結果となります（図表8-23）。

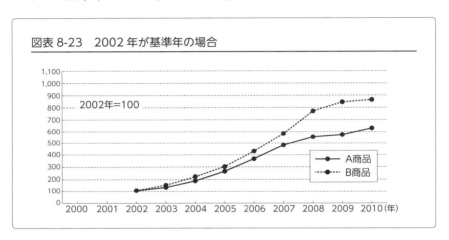

図表8-23　2002年が基準年の場合

同じデータを使っているにも関わらずB商品の方がA商品よりも上回る折れ線グラフとなるのです。コメントは「B商品の方がA商品よりも伸び率が高い傾向にある」となります。なんと2000年と全く逆の結果になってしまうのです。

このように基準年の数値との倍率をグラフにするやり方は実態を見誤る危険がありますので、2系列以上のデータを比較する際には極力使わない方がいいでしょう。

◆ グラフの始点は0にすべし

グラフを作成する際の始点（x軸とy軸の交点）が0になっていないグラフは大きな誤解を生みます。図表8-24の折れ線グラフは右肩上がりのとても調子のいい推移に見えます。

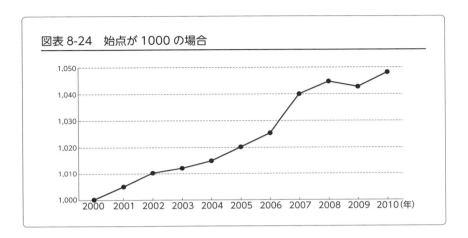

図表 8-24　始点が 1000 の場合

ところが y 軸の始点は 1000 ですので、これを 0 にすると、推移はほとんど横ばいとなります（図表 8-25）。**分析目的でグラフを作成する際には始点は 0 としましょう。**

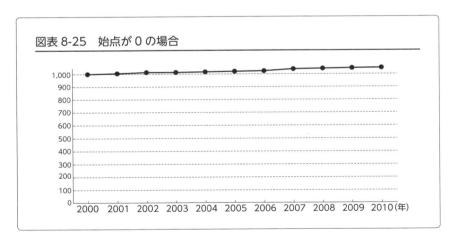

図表 8-25　始点が 0 の場合

◆ ワンランク上のグラフ作成ポイント

　さてグラフの基本はご理解いただけたと思います。ここからはデータ（クロス集計表）の中からどのような数値をグラフ化するかということについて解説していきたいと思います。せっかく作成したクロス集計表だから全てのデータを使わなくては…という考えは無用です。

【Point①大から小へ】

　図表8-26のデータをどのようにグラフ化すれば鋭い分析ができるでしょうか？

図表8-26　過去1年間インターネット利用経験

	男性		女性	
	平成24年	平成27年	平成24年	平成27年
合計	84.0	84.9	75.1	81.2
6～12歳	68.9	77.0	69.2	72.4
13～19歳	97.1	97.7	97.3	98.7
20～29歳	96.5	99.1	98.0	99.1
30～39歳	94.7	97.6	95.9	98.0
40～49歳	95.5	95.5	94.3	97.4
50～59歳	89.0	92.5	81.7	90.3
60～64歳	79.0	85.0	64.5	78.1
65～69歳	70.3	77.5	54.7	64.6
70～79歳	60.1	59.9	38.7	45.7
80歳以上	40.0	28.1	17.7	13.6

平成27年通信利用動向調査

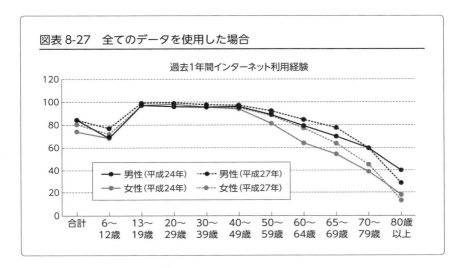

図表 8-27　全てのデータを使用した場合

過去1年間インターネット利用経験

凡例：
- 男性（平成24年）
- 男性（平成27年）
- 女性（平成24年）
- 女性（平成27年）

全てのデータを使用しようとすると図表 8-27 のようになります。

これでも悪くはないですが、意味を読み取るのに少し時間が掛かります。また折れ線グラフと凡例とを交互に確認しないといけません。

このような場合には、まず大きなところからグラフ化していきます。この例ではクロス集計表の 3 行目「合計」行のみグラフにします（図表 8-28）。

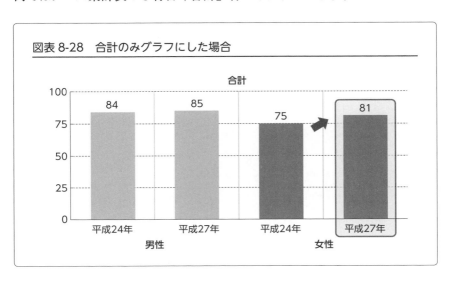

図表 8-28　合計のみグラフにした場合

合計

男性
- 平成24年：84
- 平成27年：85

女性
- 平成24年：75
- 平成27年：81

すると3年間で男性はほぼ変わらず（微増）、女性が6ポイント増加していることがわかります。そこで「インターネット経験率は8割を超える。女性の伸び率が高まる」というコメントをします。その上で女性の年代別のグラフを作成します（図表8-29）。

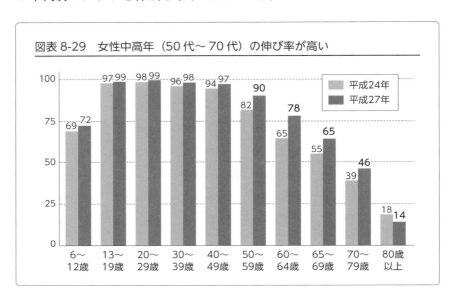

図表8-29　女性中高年（50代〜70代）の伸び率が高い

　そして「女性中高年（50代〜70代）の伸び率が高い」というメッセージを添えます。

　データの大きな変化に着目し、その部分を掘り下げていくというアプローチです。細かな部分を全てチェックしていたのではいくら時間があっても足りません。効率的な時間の使い方を目指すためにも、合理的な思考プロセスが求められます。

【Point②比較対象の視点を変えて発想を広げる】

　では次のクロス集計表はいかがでしょうか？（図表8-30）

図表 8-30　飲酒習慣者割合のクロス集計表

男性　　　　　　　　　　　　（単位：%）

	2007年	2017年
総数	37	33
20〜29歳	16	16
30〜39歳	36	25
40〜49歳	49	37
50〜59歳	46	44
60〜69歳	41	41
70歳以上	24	27

女性　　　　　　　　　　　　（単位：%）

	2007年	2017年
総数	8	8
20〜29歳	6	3
30〜39歳	13	10
40〜49歳	16	15
50〜59歳	8	13
60〜69歳	6	10
70歳以上	1	2

出典：平成29年国民健康・栄養調査
注「飲酒習慣者」とは、週に3回以上飲酒し、飲酒日1日あたり1合以上を飲酒すると回答した者。

ほとんどの人が図表8-31のようなグラフを作成するのではないでしょうか？

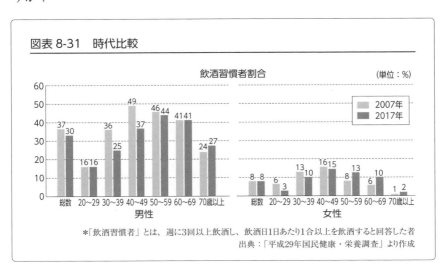

図表 8-31　時代比較

飲酒習慣者割合　　　　　　　（単位：%）

＊「飲酒習慣者」とは、週に3回以上飲酒し、飲酒日1日あたり1合以上を飲酒すると回答した者
出典：「平成29年国民健康・栄養調査」より作成

性年代別に10年間の比較をするために棒グラフを作成します。コメントは「働き盛りの30代40代男性の飲酒割合が低下している」となります。これはこれで現状をしっかりと捉えているので良いと思いますが、

さらに考察を加えるとすると、年代の区切りと比較する年の範囲が10年で同じことに着目します。2007年20代の人は、2017年には30代になっています。年代の比較から人（世代）に着目して作表するのです（図表8-32）。

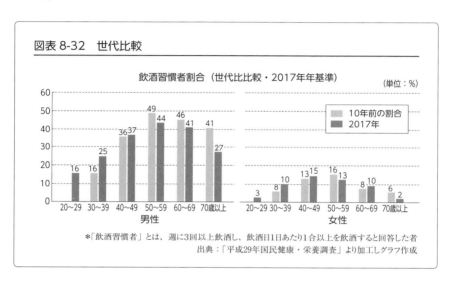

図表 8-32　世代比較

飲酒習慣者割合（世代比比較・2017年年基準）

（単位：%）

男性

女性

*「飲酒習慣者」とは、週に3回以上飲酒し、飲酒日1日あたり1合以上を飲酒すると回答した者
出典：「平成29年国民健康・栄養調査」より加工しグラフ作成

　こうなるとメッセージは少し変わってきます。「男性50代以降が減少している。シニア層の健康意識の高まりが要因として考えられる」同じデータなのに比較軸を年代から世代に変えると問題点も変化するということです。

【Point③着目したい点に絞って作表する】

　では次のクロス集計表はどのようにグラフ表現したら良いでしょうか？

　図表8-33は共働き世帯の夫と妻の平日の生活時間の内訳です（社会生活基本調査）。せっかく集計してありますので全ての数字を使いたくなりますが、論点を**整理して重要な部分だけに絞ってグラフを作成します。**

図表 8-33　共働き世帯の夫と妻の平日の生活時間の内訳

生活時間（分）	夫	妻
01_睡眠	438	435
02_身の回りの用事	67	76
03_食事	81	82
04_通勤・通学	67	45
05_仕事	564	345
06_学業	1	5
07_家事	21	136
08_介護・看護	1	8
09_育児	36	147
10_買い物	4	17
11_移動（通勤・通学を除く）	17	24
12_テレビ・ラジオ・新聞・雑誌	36	29
13_休養・くつろぎ	67	53
14_学習・自己啓発・訓練（学業以外）	3	4
15_趣味・娯楽	18	13
16_スポーツ	3	1
17_ボランティア活動・社会参加活動	1	1
18_交際・付き合い	6	5
19_受診・療養	2	6
20_その他	8	8

出典：「平成28年社会生活基本調査 調査票Aに基づく結果 生活時間に関する結果 生活時間編（全国）」
＊共働き夫婦で、夫、妻ともに週35時間以上勤務で末子が就学前、時間は平日

　まず夫と妻の生活時間で大きく差異のある項目を探索するために、夫の時間マイナス妻の時間という計算をします。そして条件付き書式設定でベスト3、ワースト3を見出します。すると大きな差異が仕事と育児、家事であることがわかります（図表 8-34）。

図表 8-34　ベスト3、ワースト3

共働き世帯夫婦の生活時間	夫	妻	
01_睡眠	438	435	− 3
05_仕事	564	345	− 219
09_育児	36	147	111
07_家事	21	136	115
03_食事	81	82	1
02_身の回りの用事	67	76	9
13_休養・くつろぎ	67	53	− 14
04_通勤・通学	67	45	− 22
12_テレビ・ラジオ・新聞・雑誌	36	29	− 7
11_移動（通勤・通学を除く）	17	24	7
10_買い物	4	17	13
15_趣味・娯楽	18	13	− 5
08_介護・看護	1	8	7
20_その他	8	8	0
19_受診・療養	2	6	4
06_学業	1	5	4
18_交際・付き合い	6	5	− 1
14_学習・自己啓発・訓練（学業以外）	3	4	1
16_スポーツ	3	1	− 2
17_ボランティア活動・社会参加活動	1	1	0
	1441	1440	

　そこで差異の大きな項目のみ使ってグラフ化します。少ない時間の項目はその他にまとめます。さらに論点を明確にするために家事育児を合計します。こうすれば非常にすっきりしたグラフとなります（図表8-35）。

　子供が乳幼児の「共働き世帯は、妻が仕事の時間を削って家事育児を担っている」というコメントに至ります。家事メンやイクメンというキーワードが独り歩きしていますが、実際にはまだまだ妻に頼っている実態が浮かび上がります。

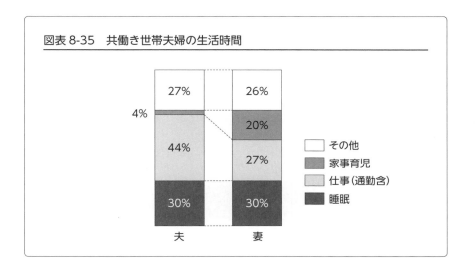

図表 8-35　共働き世帯夫婦の生活時間

本章の執筆にあたり、以下の書籍を参考にしました。

吉本佳生『数字のカラクリを見抜け！　学校では教わらなかったデータ分析術』（PHPビジネス新書）

第 9 章

調査レポートの作成

●調査レポートは「調査概要→結論（サマリー）→詳細分析」の順番で記載します。
●図表はわかりやすく、読む人のことを考えて作成しましょう。

1 ›› 調査レポートの基本構成と留意点

◆ 調査レポートの構成

マーケティングリサーチのアウトプットとしての調査レポートの構成について解説していきます。

文章の構成には、「起・承・転・結」や「序論・本論・結論」などいくつかパターンがありますが、**ビジネスでは「結論から先に書く！」が鉄則です**。マーケティングリサーチの報告レポートも結論を先に述べて、後から詳細に触れていきます。

働き方改革で、ただでさえ忙しいビジネスパーソンです。特に上席になるほど時間は貴重なものになります。

そこで分析から得られた結論をサマリーとして作成し、そこに至った分析結果を後で細かく説明するというプロセスをとるのです（図表9-1）。

図表 9-1　結論から詳細分析へ

調査概要　　結論(サマリー)　　詳細分析

◆ 調査概要

　一般的なスタイルとしては、まずどのような調査であるのか、調査概要を作成します。

　調査概要のページは、どのような調査を行ったのかがわかるように、1枚でまとめます（図表9-2）。作成する項目は以下が一般的です。

- **マーケティング課題／調査目的**：そもそもの課題が何で、その解決のために何を明らかにしたいのか
- **調査手法**：具体的な調査の方法、インターネットリサーチなのか、グループインタビューなのか
- **対象者**：調査に協力してくれた人の属性
- **標本抽出方法（リクルーティング条件）**：どのように調査対象者を選定したのか
- **サンプルサイズと割付**：何人にアンケート調査を協力いただいたのか
- **調査スケジュール**：具体的な調査のスケジュール
- **調査機関**：外部のリサーチ会社に協力を仰いだ場合に記載する

図表 9-2　調査概要ページの例

調査概要　　　　1

1. **調査目的**
   - BtoB企業の経営課題・マーケティング活動の実態を明らかにし、BtoB企業支援に役立てる。

2. **調査方法**
   - インターネットリサーチ（○○リサーチ BtoBパネル利用）

3. **対象者（リクルーティング条件）**
   - n＝300
   - 勤務先：BtoB企業 売上100億円以上
   - 所属部署：マーケティング、商品企画、営業企画、販売促進
   - 役職：課長以上

4. **スケジュール**
   - 企画設計：2013年3月1日〜7日
   - 実査：3月12日〜13日
   - 集計・分析：3月14日〜26日

◆ サマリー

結論（サマリー）には、仮説の検証結果を要約します。意思決定する多忙な上席者のために端的に結論を記載します（図表9-3）。

- **仮説**：調査の設計時に設定した仮説を簡記する
- **結論**：調査分析からどのようなことがわかったのか、意思決定に必要な結論を記載する
- **根拠**：結論を導いた事実についてデータを記載する。サマリーにはグラフよりも顕著な数字を掲載するほうがわかりやすい

図表 9-3　サマリーページの例

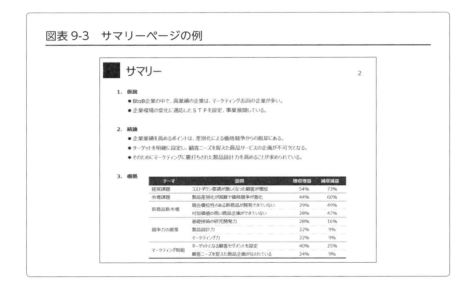

◆ 詳細分析

　詳細分析には、主要項目の分析（デモグラフィック別クロス集計など）や、結論を導くための分析（設問間クロス分析・相関分析・多変量解析・ニーズ構造化分析など）を記載します。調査報告会でサマリーを説明する際に補足して説明すべき分析についてわかりやすい分析結果を掲載し

ます（図表 9-4、9-5、付録参照）。

図表 9-4　詳細分析ページの例

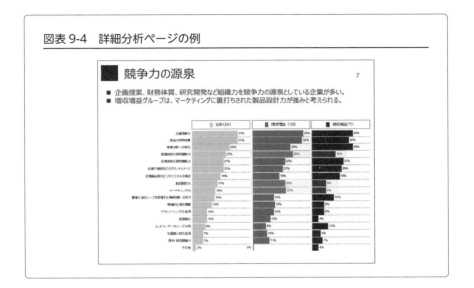

図表 9-5　調査レポートの構成

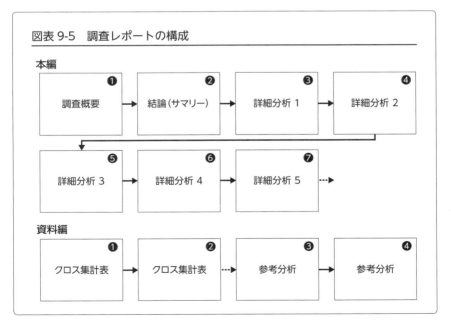

2 » ビジュアルに気づきを与える法則

　プレゼンテーションを有効に進めるために表やグラフを工夫しましょう。大事なのはプレゼンテーションの受け手の立場で考えることです。

　ポイントはノイズカットとフォーカスの2つです。

- **ノイズカット**：余計な情報（グラフの色や目盛線など）を削除する
- **フォーカス**：伝えたいメッセージへ視線を誘導する

　図表9-6は見る人のことを考えていない代表例です。すべてのセルが罫線で囲われており、どこが重要かわかりません。表を作った人であればわかるのですが、初めてグラフを見た人は上から順にどのような項目があるのか目で確認していかなければなりません。

　そこでノイズカットとフォーカスの出番です。ここでは各プランがどの程度の売上を上げ、費用がどれくらいかかり、最終利益がどうなるのかということを強調したいので、売上、費用、利益の3項目を太字にしてフォントサイズを大きくします。また売上を構成する単価や販売数は

図表9-6　わかりにくい表

営業計画

	プランA	プランB	プランC
売上（円）	320,000	480,000	640,000
単価（円）	800	800	800
販売数（個）	400	600	800
費用（円）	23,200	34,800	58,000
人件費（円）	19,200	28,800	48,000
スタッフ人数（人）	2	3	5
1人当たり人件費（円）	9,600	9,600	9,600
賃料（円）	4,000	6,000	10,000
利益（円）	296,800	445,200	582,000

一文字分右へずらします（インデント）。

　さらに縦の罫線を消し、売上、費用がひとくくりとなるように区分表示を点線にします。こうすることでどこに何が掲載されているかがわかり、初めて見る人にもわかりやすくなります（図表9-7）。

図表9-7　わかりやすい表

	プランA	プランB	プランC
売上（円）	**320,000**	**480,000**	**640,000**
単価（円）	800	800	800
販売数（個）	400	600	800
費用（円）	**23,200**	**34,800**	**58,000**
人件費（円）	19,200	28,800	48,000
スタッフ人数（人）	2	3	5
1人当たり人件費（円）	9,600	9,600	9,600
賃料（円）	4,000	6,000	10,000
利益（円）	**296,800**	**445,200**	**582,000**

　図表9-8 の左の円グラフは項目が多すぎて、何が特徴なのかよくわかりません。このような場合には項目をある程度まとめてグラフをすることで状況を大括りに把握することが可能となります。

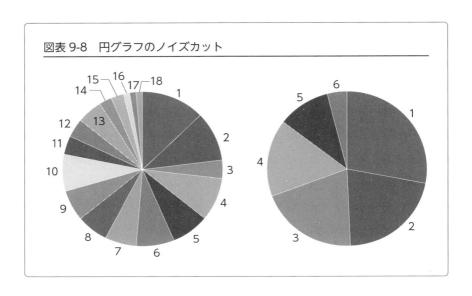

図表 9-8　円グラフのノイズカット

最も注目すべき事項のグラフの色を濃く、またデータラベルのフォントサイズを大きくし、太字にすると強調できます（図表 9-9）。

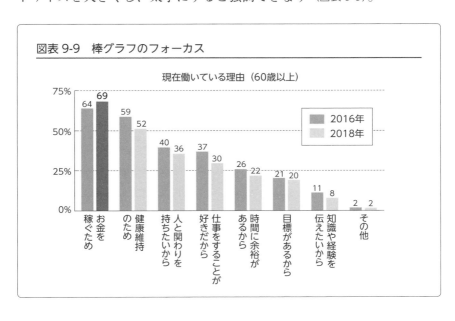

図表 9-9　棒グラフのフォーカス

現在働いている理由（60歳以上）

2016年
2018年

稼ぐため お金を	のため 健康維持	持ちたいから 人と関わりを	好きだから 仕事をすることが	あるから 時間に余裕が	目標があるから	伝えたいから 知識や経験を	その他
64　69	59　52	40　36	37　30	26　22	21　20	11　8	2　2

　図表 9-10 はある企業の月別の売上高の推移を示したものです。棒グラフをみれば 6 月から 8 月の夏季に売上が高く、最も売上が高いのは 8 月であることがわかります。

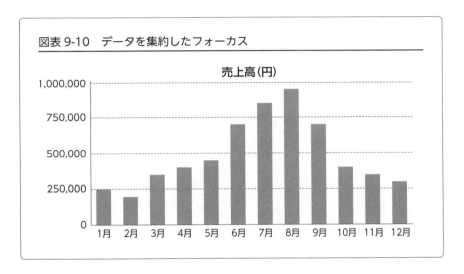

　夏季に売上が高まることをさらに強調するために 6 月〜 8 月の売上高を平均し、それ以外の時期と比較することで、より強調することができます（図表 9-11）。夏季はそれ以外の月と比較すると 2 倍以上の売上であることがわかります。また左グラフのように年間売上における夏季の構成比を算出するのも有効です。

　比較する際に注意が必要なのは、夏季と比較するデータを 9 月から 5 月まで（夏季以外の月を集計する）とすることです。よく年間平均と比較しているグラフを目にすることがありますが、それには夏季 3 ヶ月も含まれた数値となりますので比較対象としてはダブリが生じてしまうので適切ではないでしょう。

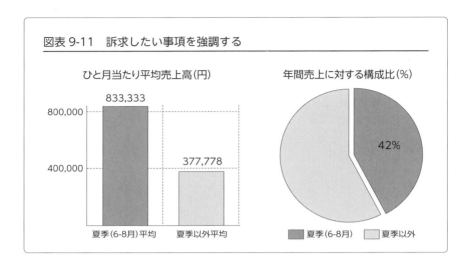

図表 9-11　訴求したい事項を強調する

ひと月当たり平均売上高(円)

833,333

800,000

377,778

400,000

夏季(6-8月)平均　　夏季以外平均

年間売上に対する構成比(%)

42%

■ 夏季(6-8月)　■ 夏季以外

　このグラフのメッセージは、「夏の売上が多く、夏以外の月と比較して2倍の平均売上高がある。夏季3カ月で年間売上の4割を占める。」となります。

　訴求したい事項を強調することで、情報発信者の意図を適切に伝えることができるのです。

3 ≫ 受け手の心理をついた表現法

　グラフ作成には、心理学も活用できます。図表9-12を見たとき、どちらを選択したいと思いますか？

図表 9-12　プレゼン受け手の心理をついた表現法

どちらの薬を服用したいですか？ A：80％の確率で助かる薬 B：20％の確率で命を落とす薬	どちらの発表の方が政府を評価しますか？ A：失業率が1年間で2％減少 B：失業率が前年比50％減少

　左はA、右はBを選択する人が多いのではないでしょうか？人間は表現の違いによって無意識に心理的な解釈の枠組みが変化するといわれています。このことを**ポジティブフレーム**といいます。ABともに同じことをいっているのですが、採用される確率は異なります。こうしたヒトの心理に基づいて表現する数字を選ぶこともプレゼンテーションを成功させるためには有効です。

　最近は分析ソフトで作図したグラフを使ってパワーポイントを作成する人も多いと思います。その際にはレイアウトにも気を遣いましょう。受け手の理解を促進させるには、1スライドには1つのメッセージとした方が良いでしょう。1枚のシートにいくつものメッセージがあると人によって感じることが異なります。発信側が最も伝えたいことに絞り込みましょう。

　レイアウトですが、人の視線は左から右に移動します。グラフを左、メッセージは右とすることでプレゼンシートの納得度が高まります（図表9-13）。

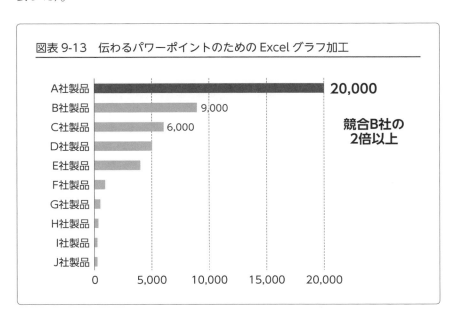

図表 9-13　伝わるパワーポイントのための Excel グラフ加工

また多くの色を使うと却って目立ちません。強調するには文字色を3色に限定するのが良いでしょう。ベースはグレー、ポジティブなメッセージは青系、ネガティブなメッセージは赤系などと色使いを決めておくと迷うことがありません。フォント種類も統一しておきましょう。Meiryo UI などは注目しやすいフォントです。

　資料をプロジェクターで投影する場合に、目を引きやすくするには、文字の大きさは20ポイント以上が良いでしょう。

※アスマーク社では、調査企画書とレポートでフォントを使い分けています。企画書は「UD デジタル教科書体 NK-R」、レポートは「Meiryo UI」、数値は「Arial」です。また、スライド内のフォントカラーも原則2色までとしており、原色は使用していません。

第 **10** 章

最新のマーケティング
リサーチ手法

> ● 「ジョブ理論」は、消費を成し遂げたい進歩である"ジョブ"を片づけるために何かを"雇う"こととして説明するものです。
> ●AIの活用により、パッケージデザインの好感度調査や、感情解析が可能になり、ビッグデータの活用で地域ごとの消費嗜好がわかるようになりました。
> ●コンセプト受容性調査の標準化パッケージや、ルーティンインサイトを見つける方法も開発されています。
> ●Tableauは今後ビジネスパーソン必携のBIツールになると思われます。

1 » 1st Search：ジョブ調査

◆ ジョブ理論とは何か？

　「**1st Search**」は、「ジョブ理論」を軸に、真のインサイトを得ることで、商品仮説を検証するだけでなく、新たな仮説を生み出す、株式会社インディージャパン オリジナル（アスマーク社参画）の新規事業開発型の調査パッケージです（図表10-1）。

　ジョブ理論とは、ハーバード大学クレイトン・クリステンセン教授が提唱している「人がどのようなものを消費し、どのようなものを消費しないのか」を説明する理論です。Jobs to Be Done（片づけるべき用事）ともいいます。

　「ジョブ」とは、人がある状況に置かれたときに望む進歩であり、やりたいことを指します。ジョブ理論によって、商品をつくる前にニーズを理解したり、商品カテゴリーを超えてイノベーティブな商品の企画が可能になったりします。特徴は、以下の通りです。

　・ある特定の状況で人が成し遂げたい進歩を「ジョブ」と呼ぶ

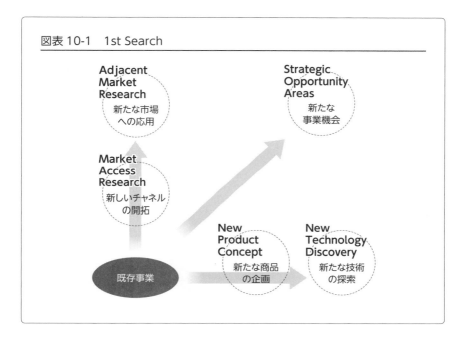

図表 10-1　1st Search

・消費とは「ジョブ」を片づけようとして、特定の製品やサービスを「雇う」ことである

・人は置かれた状況によって何を「雇う」かが左右される

・「ジョブ」には機能的な側面だけでなく、感情的、社会的側面がある

　クリステンセン教授は、製品の特性ではなく、顧客の状況と顧客が片づけるべきジョブが新しい製品が消費されるかどうかを決定づけていることを発見し、理論化しました。

　例えば、「伸びてだらしなくなった髪を整えたい」という忙しい男性にとっては、サービスがよくても時間がかかる床屋ではなく、QBハウスのようなシンプルで立ち寄りやすい立地の床屋を「雇う」のです。あくまでも本人が、その状況において目指していることに適した解決策であるポイントが重要です。

　この理論を、クリステンセン教授が共同創業したコンサルファームのイノサイト社の公認パートナーであるインディージャパン社が顧客の片

づけるべき用事を、日本流にアレンジしたフレームワークが**「JOBS メ
ソッド」**です。

「Job：課題、Objective：背後にある目的、Barriers：ジョブを妨げ
る要因、Solutions：代替解決策」（J-O-B-S）の4つの観点からなるフレー
ムワークを使って体系的な問いを積み重ね、顧客像と解決すべき課題を
あぶり出していくことで、「未解決のジョブ＝ビジネスチャンス」を発
見できるようになるのです。

◆ ジョブ理論に対してよく出てくる質問

①ジョブとニーズは何が違うのか？

一般的に「ニーズ」とは、「顧客が商品に向ける関心や行為などの現象」
という意味で使われていることが多いようです。つまり、人の消費行動
が表面化し、商品やサービスに向けられた状態を「ニーズがある」と呼
んでいます。

「潜在ニーズ」という使い方がされるときには「ジョブ」と近い概念
かもしれませんが、高い解像度で顧客を理解する上ではジョブという考
え方は重要です。

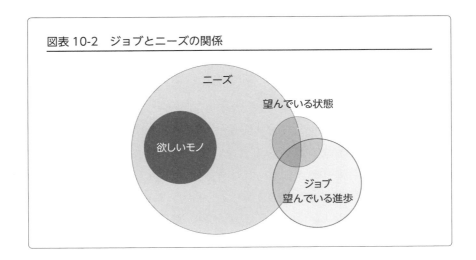

図表 10-2　ジョブとニーズの関係

　また、「ジョブ」はニーズが生まれたり（生まれなかったり）する源泉です。ニーズの対象となる製品がなくても存在しますし、目にすることができます（図表10-2）。

　人はジョブを解決するために製品を雇う結果を、インディージャパン社ではニーズがあると呼んでいます。そのため、新商品や新規事業を考える上では必ず顧客の「ジョブ」を捉える必要があります。「ニーズ」を見ていたのでは、結果論になってしまうのです。

②ジョブとインサイトは何が違うのか？

　インサイトというのは、「顧客に対する深い洞察」を指します。簡単には手に入らない情報のことです。ジョブもインサイトも把握しにくい大事な顧客情報という点では同じですが、文脈や解像度が違う概念といえるでしょう（図表10-3）。

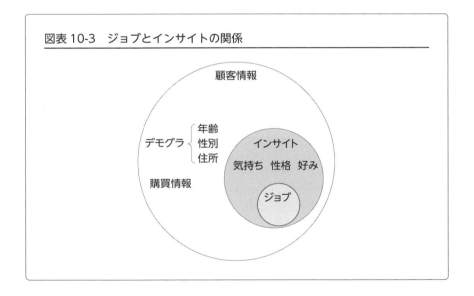

図表 10-3　ジョブとインサイトの関係

顧客情報

デモグラ｛年齢　性別　住所

購買情報

インサイト

気持ち　性格　好み

ジョブ

　このように、ニーズ探索やインサイト発掘型の新規事業開発調査とは違った視点で、消費者を観察する調査が、1st Search（ジョブ調査）なのです。

2 » パッケージデザイン好意度評価予測 AI サービス

　通常、ジュースやお菓子などの商品の**パッケージデザイン開発**は、10 数案あるデザインの中から、商品開発担当者が 3 案程度を選び、それらを消費者調査にかけ、最終案を選びます。

　このプロセスだと、調査前の選択は主観で行わなければなりません。また、消費者調査の実施には、100 ～ 300 万円程度、結果がわかるまで 2 週間～ 1 ヶ月程度要し、時間、コストが課題になっていました。

　プラグ社は、パッケージデザインの画像を WEB 上にアップするだけで、消費者がそのパッケージをどの程度好むか（好意度）の予測値を 2 ～ 3 分で算出するシステムを開発しました。時間、コストを削減し、客観的な指標に基づいたパッケージデザイン評価が可能になります。以下のような特徴があります。

- ・パッケージデザイン調査前のファーストスクリーニングや、パッケージデザイン調査に予算がかけられない商品のデザイン決定の指標になる
- ・410 万人のパッケージデザイン調査結果から作った AI システム
- ・4,100 商品、410 万人の消費者を対象にしたデザイン調査結果を元に構築
- ・ビールや飲料、カップ麺などで特に高い予測精度で評価可能

　「ジャケ買い」という言葉があるように、パッケージデザインが購入に与える影響は軽視できません。同じモノでもパッケージデザインを変えるだけで、売上が大きく伸長した例は数えきれないほどあります。

　逆にいえば、よいものでもパッケージデザインがチープで、ありきたりだったり、手に取って恥ずかしいと思うものだったりすれば、購入障壁は高まります（敬遠される）。

　よって、多くのメーカーでは上市前にパッケージデザインの評価をとる調査を実施します。多くは、比較的安価でスピーディーに行うことが

できるインターネットリサーチや CLT ですが、これらは主観的な評価となってしまうため、アイトラッキングやニューロを使った測定も行われます。しかし、これらは費用面が高くついてしまうため、活用は限定的となってしまいます。また、リサーチ会社は年間で数十～数百件のパッケージデザイン評価の調査を行っておりますが、その経験値を活かせていないところに課題があったと感じています。

　本サービスは、主観的な評価からの脱却、経験値を活かし、根拠のある評価をスピーディーに提供するという、これまでのパッケージデザイン調査が抱えていた課題を解決できるソリューションです。痒い所に手が届くサービスとして注目されています。

3 ›› Realeyes：AI を利用した感情解析ツール

　Realeyes 社は、**AI を利用した感情解析ツール**を提供しています。アンケートなどの調査をして動画などの解析対象映像が視聴可能な URL を配信し、モニターがそこにアクセスし、対象動画を視聴すると、その動画の評価を 24 ～ 48 時間以内に取得できます。

　言葉ではなく、表情線・筋肉・眼球の動きなどからモニターの反応情報を取得し、動画に対する感情・アテンションの変化を可視化します。

◆ 特徴

　どのような表情でどのような感情が読み取れるか、過去 6 百万件の教師データから、アテンションや主要な 6 つの感情指標をベースに AI を利用した独自のアルゴリズムが解析、計測します（図表 10-4）。

　これら 6 つの感情に加え、より深い感情の洞察を得ることができます。

図表 10-4　Realeyes

感　情	特　　徴	表　情
幸　福	幸福は6つの基本的な感情の1つであり、笑顔とほぼ同義です。主として頬を上げることと口の角が それぞれ引き上げられています。	
驚　き	衝撃的な表現とほぼ同義です。主として眉を上げる、目を大きく開く、口を開くなどのアクションが起きます。	
混　乱	混乱は眉を下げることと類似しています。まぶたの下げ、上げ下げ、まぶたの狭め、および唇の引き締めの組み合わせから計測します。	
悲しみ	古典的な下向きの口（悲しみを示す表情）とほぼ同義です。眉は下がっていますが、眉の内端は上がっており、また唇のくぼみからも計測します。	
嫌　悪	嫌悪感の表現とほぼ同義です。鼻のしわ、下唇と口角の下がっている状態から計測されます。	
怖　い	恐怖と同義です。眉が上下すること、唇が伸びること、頬が下がることから計測されます。	

◆ さらなる洞察

①エンゲージメント

　刺激に対して表情豊かな反応をするとき、被験者は「感情的にエンゲージ（関与）している」といわれます。特定の1秒間、またはテスト中の任意の時点で反応を示した被験者の割合を表します。これには、6つの基本的な感情のいずれかも表示されますが、それだけに限定されるわけではありません。

②バランス

　反応におけるポジティブかネガティブかの感情を示す独自のメトリックです。これは、本質的にポジティブな感情からネガティブな感情を差

し引いたものであり、Realeyes のフェイシャルコーディングソフトウェアの独自のポジティブおよびネガティブかの感情分類ツールによって計測されます。

③ネガティブ

　特定の１秒間またはテスト中の任意の時点で否定的に分類された感情を示す人々の割合です。これは、嫌悪感、悲しみ、怖いなどの感情の単なる合計ではなく、特別に訓練された「ネガティブ」分類ツールを使用します。

　実際このツールが活用されるシーンは、大人だけではなく、子ども向け CM などクリエイティブ評価にも活用できます。現時点では子どもに対して直接評価をするといった機会は少なく、インターネットリサーチではさらに難しいのが現状です。子どもに対して評価を行う場合は、代理回答という手段を用いて親が子供に「これ、どう思う？」という問いかけをして得た回答を、親が代理でアンケートに回答をするという方法をとります。

　しかしそこで懸念されるのが、下記の２点です。

　　①子どもが親に忖度をしたり、顔色をうかがって本心ではない回答をしてしまう可能性がぬぐいきれないという点

　　②年齢にもよるが、良し悪しの判断が正当にできない可能性があるという点

　子どもは好きや嫌いといったことを言葉に表現できるほど成熟していないため、なんとなく・感覚で嫌いと回答するケースも少なくありません。ましてや親に怒られた後だとしたら、その影響が強く残る可能性があるでしょう。

　こういったケースは、動画などのクリエイティブの評価をとる場合も多く発生します。そこで、この Realeyes のソリューションを用いることで、言葉で表現できなかったり、親の顔色をうかがうといった状況を回避できます。動画を見ている時の瞬間的な表情反応という、偽ることが難しい本能的な反応から評価が取得できるからです。

4 » Be Concept：コンセプト受容性調査の標準化 ～アスマークオリジナルサービス～

筆者自身が年間数十件のコンセプト調査に携わる中で、

・社内でコンセプト調査が標準化されていない

・なんとなくコンセプトを作っている

・上司説得のためになんとなく調査をしている

・結果をなんとなく主観的に分析している

などのケースが散見されジレンマを抱えていました。お客様に話しを聞くと、担当者ご自身もこの状況をよく思っていないが、きっかけがない、どうすればよいかわからないまま月日が経ってしまっている、という声が多く聞かれました。

コンセプト調査の標準化をすることで、お客様の社内で、調査結果の指標（ノルム）を策定することが可能となります。 逆にいうと、標準化をしないと指標が定まらず、個々の基準で意思決定をしてしまうことになり、会社として正常な意思決定を保てなくなるリスクが生じます。

そこで、商品コンセプトを長年に渡って研究しているマーケティングコンセプトハウス社のノウハウを活かして、定量的に評価できる調査パッケージ「**Be Concept**」を開発することにしました。

コンセプトの受容性調査なので、「確実に売れるコンセプト」を提供できるわけではありませんが、①失敗するリスクを軽減したコンセプトに、②ベストではないが、ベターなコンセプトに、導くというのをコンセプトとしたパッケージを開発しました（図表 10-5）。

主な特徴は、図表 10-6 の通りです。

・調査呈示前のコンセプトシートを精査

・メインターゲットを調査対象者として設定

・調査項目を標準化

・分析ロジックの確立

その中でも大きな特徴といえるのが、調査呈示前のコンセプトシート

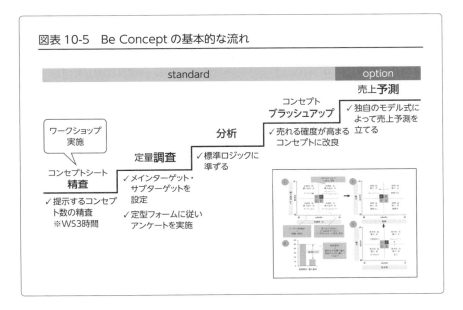

図表 10-5 Be Concept の基本的な流れ

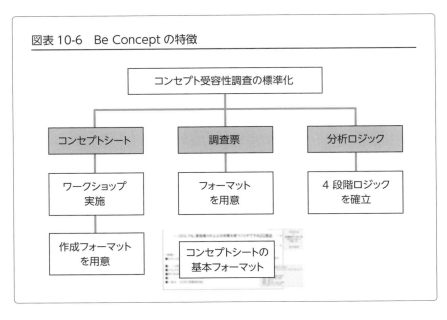

図表 10-6 Be Concept の特徴

の精査といえるでしょう。従来は、お客様から頂いたコンセプトシートをそのまま調査にかけることが多かったのですが、呈示するコンセプトの完成度が低ければその評価に何の説得力も持たないのでは？というそもそも論に立ち返り、このフェーズを設けました。マーケティングコンセプトハウス社には、この段階からアドバイザーとして入って頂きました。

　社内で調査のやり方がまちまちだった、なんとなくコンセプトを作って調査をしていた、という方であれば試す価値はあります。

5» QQ インサイトリサーチ

◆ 見つけにくいルーティンインサイト

　商品＆ブランド開発担当者の悩みとして多いのは、ほとんどが生活文脈（シーン）の**ルーティンインサイト**を見つけられないことです。具体的には下記が挙げられます。

- ・ニーズの本質（シーンのルーティンインサイト）を捉えきれない
- ・商品のアイデア出しに限界があり類似の発想しかできない
- ・メーカー思考から抜け切れず売れるコンセプトにならない
- ・コンセプトの表現が生活者の琴線にふれたものになっていない

　これらを解決するソリューションとして「**QQ インサイトリサーチ**」が役立ちます（QQ：Qualitative & Quantitative Research（商標出願中））。これは、定性（OA 探索）、定量（エクストリーマー抽出）の両者を、同一調査上で同時に調査できる手法です。特徴は、以下の通りです。

- ・生活文脈の中に潜む「ルーティンと化しているインサイト」を発見・抽出できるので、消費者の心を捕え開発の生産性＆創造性がアップし、ヒット商品を産む確率が格段に高まります。
- ・定性調査と定量調査を分けずに、同じ調査票で同時実行するので費用を半減できます（定性的定量調査ともいえるかもしれません）。

・調査結果が出るまでの期間を 1/3 に短縮できます。

◆ ルーティンと化しているインサイトの抽出方法は？

CGOA（コンテクストグラフィー OA ／生活文脈に宿るインサイトを探る手法）とエクストリーマ分析（マーケットを牽引するフロンティア・エッジの人、購入使用行動で超変化・進化している人の分析）です。そのための法則は図表 10-7 の 3 点に集約されます。

定量調査（インターネットリサーチ）では、インサイトの抽出は不向きとされています。

インサイトとは、消費者のニーズに端を発すもので、そのニーズを引き出し購買欲求へと変化させるスイッチのようなものなので、1 問 1 答

図表 10-7　ルーティンインサイトの抽出方法

『生活文脈（シーン）のルーティンインサイト導出因子マップ』：
10年間、100の事例をもとに作成した「インサイトの法則」3つのマップ

①心の環境マップ	②人間の本能マップ	③生活QOL革新マップ
人間の深層心理にある「創造的プログレス（プラス）思考」と「破壊的リセット（マイナス）思考」の心理的志向マップからインサイトを抽出する	「生きる軸」：人として過去を生き未来を生きようとする本能「群れる軸」：群れて自分や種を守る対応本能（人間関係力）の2軸からインサイトを抽出する	心理的にも肉体的にも快適にエキサイティングに生活したいと願う人間の基本欲求の8つのライフスキルを見据えてインサイトを抽出する

シーン・ルーティンインサイト抽出の事例

■ アイスクリーム（ガリガリ君）が30年の大ロングセラーとなり、いまだにHITを飛ばしている、そのインサイトとは?

誰が中心	： 緩く楽しく構えずに生きたい！ それを食に望む大衆の中のB級志向の人
ストーリー	： 元気なマイナー商品が多いこの頃。なぜか？ ご当地B級グルメ（宇都宮の餃子）、地方のゆるキャラ（ふなっしー、くまもん）ゆるタレ（テレビのひな壇に座る芸人）。社会志向性が退行、社会規範の緩さが進行という環境の中で、気軽なゆるい商品が待望されている
インサイトマップ	： ①心の環境マップ ②人間の本能マップ

ガリガリ君インサイト　ガリガリ君は気軽に楽しめるエンタメ菓子
ゲームをしたり、レジャーしたりという本能をくすぐる商品
キャラクターの面白さ、変味の遊び感覚のB級エンタメ菓子として今の時代にマッチした

形式の調査だけでは、インサイトを抽出ことは困難というのが、業界の通説です。

　その業界のアタリマエにメスを入れようとしたのが、この QQ インサイトリサーチです。定量調査でありながら、定性調査の側面を強く持ち、且つその結果を論理的に解析することによって、消費者の生活文脈に潜むインサイトを発見しようとするアプローチです。

　定量調査と定性調査を分けて実施したいけど、費用の問題、スケジュールの都合上できないといったケースに向いています。

6 ›› DataCOLORS™

◆ ビッグデータから嗜好性を見つける

　ビッグデータマーケティングの True Data 社は、全国のドラッグストアとスーパーマーケット合計約 6,000 店舗、5,000 万人規模の購買データ（ID-POS データ）をもとに統計化したデータベースを使い、食品、日用品の新商品を購入する人が多い「アーリーアダプター指数」、お買い得商品を好む「価格センシティブ指数」など、エリアごとの消費嗜好（カラー）をあらわす指数データを提供しています。

　「DataCOLORS™」は、アンケートではなく、**ビッグデータから嗜好性を見つけられる技術**です。「どの地域にどんな人たちが住んでいるのか」という情報は企業が欲する情報の最たるもののひとつです（図表 10-8）。

　メーカー、小売業のみならず、金融業、サービス業においても外部のマーケティングデータを自社保有データにかけ合わせる動きが加速しています。「DataCOLORS™」は、このような企業へ向け、ターゲットとするエリアや顧客を見つけるためのデータとして重宝されています。

　特徴は、以下のような点です。

・生活者が日常的に利用する実店舗の購買データで算出した消費嗜好

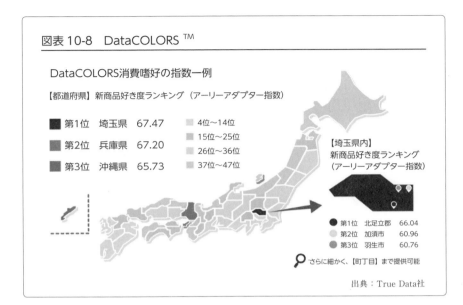

図表 10-8　DataCOLORS ™

DataCOLORS消費嗜好の指数一例

【都道府県】新商品好き度ランキング（アーリーアダプター指数）

■ 第1位　埼玉県　67.47　　■ 4位〜14位
■ 第2位　兵庫県　67.20　　■ 15位〜25位
■ 第3位　沖縄県　65.73　　■ 26位〜36位
　　　　　　　　　　　　　■ 37位〜47位

【埼玉県内】
新商品好き度ランキング
（アーリーアダプター指数）

● 第1位　北足立郡　66.04
○ 第2位　加須市　　60.96
● 第3位　羽生市　　60.76

🔍 さらに細かく、【町丁目】まで提供可能

出典：True Data社

を、最も細かいエリアでは町丁目レベルで把握できる

・性別・年代のフィルターを加えることで、自社が重視すべきエリアを絞ることができる

・商品やサービスによりマッチした顧客群へアプローチすることが可能になる

◆ **消費嗜好の指数**

消費嗜好の指数には、たとえば以下のようなものがあります。

①アーリーアダプター指数（新商品好き度）

商品が発売されてから何日後に購入をしたかを基準とし、新商品に敏感かどうかを指数化。数値が高いほど新商品に敏感となり、低い程商品選択に保守的になる（図表 10-9）。

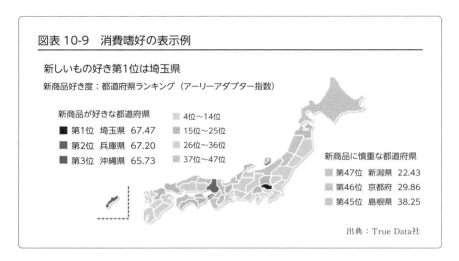

図表 10-9　消費嗜好の表示例

新しいもの好き第1位は埼玉県

新商品好き度：都道府県ランキング（アーリーアダプター指数）

新商品が好きな都道府県
■ 第1位　埼玉県　67.47
■ 第2位　兵庫県　67.20
■ 第3位　沖縄県　65.73

　■ 4位～14位
　■ 15位～25位
　■ 26位～36位
　■ 37位～47位

新商品に慎重な都道府県
■ 第47位　新潟県　22.43
■ 第46位　京都府　29.86
■ 第45位　島根県　38.25

出典：True Data社

②価格センシティブ指数（お買い得好き度）

　商品価格をどの程度気にするかを指数化。商品の通常価格（最頻値）を基準とし、価格に敏感な購買傾向を指数化。数値が高いほどお買い得商品を購入する傾向が高い。

③ポイントアップ指数（ポイント好き度）

　ポイント5倍など、店舗が実施するポイントアップキャンペーン期間に購入する傾向を指数化。

④いまだけ指数（限定商品好き度）

　期間限定商品（販売期間が数ヶ月の商品）の販売傾向を指数化。数値が高いほど限定商品を購入する傾向が強い。

⑤シニアいきいき指数（シニアの健康商品好き度）

　コンドロイチン、グルコサミンなどを含有するサプリメントの購入傾向から算出。シニアの健康でいたいという傾向を指数化。

⑥給料日後買い物指数（給料日後に消費する度）

　給料日が多いと思われる日を設定し、設定後にたくさん買い物をする傾向の強さを指数化。

⑦プレミアムレベル指数（プレミアム商品好き度）

　プレミアムビールなどに代表される、付加価値の高い商品をどれだけ購入しているかを指数化。数値が高いほどプレミアム商品を購入する傾向が強い。

　このようにビッグデータをマーケティング活動に活用される機会が増えており、この傾向は今後ますます増大していくことは間違いありません。現在あるデータを有効活用しない手はないので、既存のデータから得られることはそちらに任せて、そこで不足する情報を別手段で補うという考え方が重要です。

　ビッグデータというものは、人によって定義が曖昧になっていますが、そのデータの性質はさまざまです。あらゆるデータの集合体で、単に情報量やデータ容量が大きいということだけを指しているわけではありません。よって、一朝一夕でビッグデータを分析できるわけではなく、相応の知識とスキルが必要になります。

　まずは、何を知りたいのか、どのような情報が欲しいのかを整理し、その情報を取得できる手段を洗い出しましょう。それが自社で保有している過去データなのか、True Data 社のような購買データなのか、SNSデータなのか、行動データなのか、思いや気持ちといった定性的なデータなのか…。ひとつの媒体、ひとつのデータ、ひとつの手段で全てを網羅することは困難です。

　ビッグデータがあればすべて完璧というわけではありませんし、マーケティングリサーチをすれば完璧というわけでもありません。

　今後は、ますますデータの「使い分け」が重要になります。ビッグデータの解析スキルも重要、マーケティングリサーチのスキルも重要ですが、欲しい情報にたどり着くための「手段」の選定ができる人材が重宝されるようになってくるのではないかと思います。

7 » Tableau という BI ツールの登場

◆ 静的レポートから動的レポートへ

　ビッグデータがバズワードに挙がって久しく、その影響でマーケティングリサーチ不要論が拡大しそうですが、それには断固として異を唱えていこうと思っています。しかし、ここ数年でマーケティングリサーチ会社にとっても他人ごとではない現象が起きつつあります。それは、分析ツールの拡充です。

　これまでは、R や SPSS、エクセル統計などの統計解析ツールが主流でした。しかし、Tableau といった BI ツールや、Python といった汎用性の高いプログラミング言語が脚光を浴びており、これらの登場によって、データの処理方法が劇的に変わっていくものと思われます。特に **Tableau** の快進撃には目を見張るものがあります。

　例えば、マーケティングリサーチ会社では、インターネットリサーチ後に行う業務として、集計・分析・レポーティングというものがあります。具体的には、GT 集計で全体を俯瞰し、クロス集計で詳細の傾向を掴み、多変量解析で、データの要約・分類や、予測、因果関係の把握をしていき、グラフ化してレポートにまとめる。というのが一般的なフローとなります。

　これを行うために上述した R や SPSS などの統計解析ツールを使うのが一般的でしたが、Tableau が登場したことによって、集計からレポーティングまでの流れに大きな変革が起こると思われます。

　Tableau で処理することでお客様が見たいデータを即座に見ることができるようになります。

　そうなれば、これまでのレポートのあり方が、静的なものから動的なものに移行していくと考えるのが自然です。ですので、何百・何十ページと作っていたパワポの分厚いレポートは姿を消す日が近い将来訪れる

のは必然のような気がしています。

　また、Tableauの役割はそれに止まらず、他のデータと紐づけることによってその利点を最大化できます。

◆ そもそもTableauとは？

　Tableauは、世界で最も早く成長しているBI（Business Intelligence）ツールです。マーケティング担当者が、手軽にデータの集計・分析やグラフを作成し、レポート作成やリスト抽出を行うことで、課題解決や業務効率化を実現しできるものです（図表10-10）。

　ある意味ではリサーチャー頼みであったところを、自己処理できるようになるという側面も持ち合わせています。ではTableauのどこが魅力的なのでしょうか？

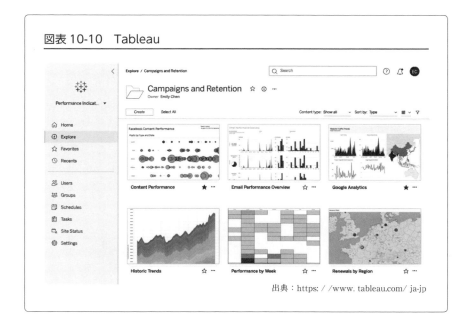

図表 10-10　Tableau

出典：https://www.tableau.com/ja-jp

◆ Tableau の魅力

①初心者でも簡単

　VBA や SQL などのプログラミングや専門知識がなくても、コードが書けなくても直感的な操作感で利用が可能。

②魅せる機能の豊富さとビジュアル分析

　グラフィックやインタラクティブ性にこだわった美しいアウトプットで、時系列比較、フィルタリング、エリアマッピングなどの多彩な機能を搭載しています。

　また、エクセルに比べて、色・カタチ・大きさ・位置を用いてデータをすばやく理解できますので、ビジュアル分析という点においてもエクセルなどの従来のツールより秀逸だといえます。

③複数のデータソースとの接続

　Excel や CSV ファイルはもちろん、Oracle や SQL Server、Amazon Redshift、Google Analitics、Salesforce、SAP 等々、接続が許可されていればそれらのデータソースに直接接続して、直ぐに集計や分析を開始することができます。

　接続できるデータ量は、1000 万件程度のデータであれば容易に扱うことができます。このように様々な大量のデータソースを扱うことができ、しかも高速に処理を行うことができるため、POS データとマーケティングリサーチデータ、クレジットカードの購買データなどを紐づけて、消費者理解に勤しむ動きが加速しています。

　Tableau は世の中にディープインパクトを与えていますが、やがてアタリマエになるでしょう。また、この Tableau というツールが、エクセルに代わる、ビジネスマンのマストアイテムとなる日も遠くないでしょう。面接時にエクセルのスキルを確認されるケースも多かったと思いますが、今後は「Tableau は使えますか？」と聞かれるのが常識となり、Tableau が使えない人は面接に通らないなんてことも起こり得るの

ではないでしょうか。

　マーケティングリサーチ会社やビッグデータを扱う会社だけではなく、「オフィス」に並ぶ共通言語として浸透していく可能性が高いと思うと、今のうちに Tableau に触れておいて損はありません。

　ただし、エクセルが不要になるわけではありませんので、エクセルと連携することでより強力なツールになると理解しておくとよいでしょう。

　本章の執筆にあたり、以下の企業のホームページなどを参照しました。
・株式会社インディージャパン
・株式会社プラグ
・Realeyes Limited
・株式会社マーケティングディレクションズ
・株式会社 True Data
・Tableau Japan 株式会社

ケース編

Case 1

「パソコンのプロモーション
施策」の探索調査

1 ›› 調査でプロモーションの方向性を見出す

　最初のケースは、パソコンメーカーのベンチマークテストからプロモーションの方向性を見出すという事例です。

◆ プロモーションを検討する際の3つのポイント

　ポイントの1つ目は、誰に対してプロモーションを展開していくかです。情報が氾濫している現代では、生活者は自分自身に有益な情報を収集しています。興味のない人にプロモーションしても無駄になるばかりか却って悪い印象を与えてしまいます。

　パソコンのように、スペックや機能を理解する上で一定の専門性が必要な商品カテゴリープロモーションターゲットを選定するには、第3章で紹介したイノベーション普及モデルが活用できます（図表C1-1）。

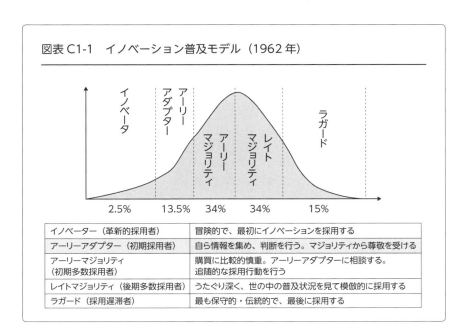

図表C1-1　イノベーション普及モデル（1962年）

イノベーター（革新的採用者）	冒険的で、最初にイノベーションを採用する
アーリーアダプター（初期採用者）	自ら情報を集め、判断を行う。マジョリティから尊敬を受ける
アーリーマジョリティ （初期多数採用者）	購買に比較的慎重。アーリーアダプターに相談する。 追随的な採用行動を行う
レイトマジョリティ（後期多数採用者）	うたぐり深く、世の中の普及状況を見て模倣的に採用する
ラガード（採用遅滞者）	最も保守的・伝統的で、最後に採用する

　イノベーション普及モデルとは、新たな商品を購入する人は次の5つのタイプに分けられるというものです。まずは、商品が市場に出た瞬間に興味を示し、いち早く購入するイノベーター（Innovators：革新者）と呼ばれる人たちです。「イノベーター」は、全体の2.5％存在するといわれています。次に購入するのはアーリーアダプター（Early Adopters：初期採用者）です。彼らは社会と価値観を共有しているものの、流行に敏感で、自ら情報収集を行い判断します。周囲の人々に大きな影響力を発揮します。全体の13.5％いるといわれています。アーリーアダプターの使用しているシーンを見て反応するのが、アーリーマジョリティ（Early Majority：前期追随者）です。新しい商品の購入には比較的慎重で、全体の34.0％を占めます。次にレイトマジョリティ（Late Majority：後期追随者）でフォロワーズとも呼ばれる人々です。新商品の購入には懐疑的で、周囲の大多数が使用している場面を見てから購入に踏み切る人々で全体の34.0％です。最後が、ラガード（Laggards：遅滞者）で、最も保守的な人々です。世の中の動きに関心が薄く、流行が一般化するまで採用しない。全体の16.0％といわれています。

　マーケティングで重要視すべきは、アーリーアダプターです。アーリーアダプターに自社商品やブランドの価値を適切に伝達することができればアーリーマジョリティ以降の観客層にその価値を浸透させることが可能だからです。

　ポイントの2つ目は、何を伝えるかということです。複数の商品特徴から何を伝えれば良いかということです。プロモーションのターゲットとすべきアーリーアダプターに対して何を訴求すれば情報が伝達できるかということです。アーリーアダプターのニーズやパソコンの使用状況を聴取し、ニーズを満たす商品特徴を伝達していけば、マジョリティまで情報を伝達できると考えます。ですからパソコンの使用シーンや購入重視点などを調査項目に盛り込みます。

　ポイントの3つ目は、どのような媒体を通して情報を提供していくかということです。日ごろから接している情報源に対して、パソコン購

入時にどのような媒体から情報を収集しているかを聴取していきます。

◆ **分析計画**

プロモーションの検討ポイントを盛り込んだ分析計画を作成します（図表C1-2）。調査を実施する前に結果をどのように分析するかを予め考えておくのです。

図表 C1-2　分析計画

検討事項	分析方法
Who （ターゲット詳細）	アーリーアダプター イノベーションモデルに該当する属性を選択肢に盛り込みアーリーアダプターを抽出する
What （分析課題）	・パソコンの利用シーン ・パソコン購入時の重視点 ・パソコン購入時の情報源
How （検証方法）	・イノベーションモデルによるクロス集計 ・パソコン購入重視点を導くための因子分析

◆ **イノベーション普及モデルを導く設問の設計**

まずは、イノベーション普及モデルに則って、パソコンにおけるセグメンテーションを分別する設問を検討します。現時点でのパソコンのスキルレベルを問うことで普及モデルを当てはめていきます。

1. 非常に詳しく、プログラムを自分で組める
2. 一目置かれるぐらい詳しく、人からよく相談される
3. 基礎的な知識はほとんど身につけており、関心も高い
4. よく利用しているが、あまり詳しいことはわからない
5. たまに使う程度で、あまり詳しいことはわからない

1はイノベーターをイメージした選択肢です。イノベーターはセミプロ的で専門知識を有していますのでパソコンでいえば、プログラミング

ができるレベルと想定しました。

　2がまさにアーリーアダプターで、人からよく相談されるというのがポイントです。アーリーアダプターはイノベーター程専門的ではないですが、パソコンによってできることを理解していて、それを周囲に伝播していきます。

　3はアーリーマジョリティ、4はレイトマジョリティとしています。いずれもパソコン利用は高いが先駆者ではない、アーリーアダプターに追随するレベル感を出しています。最後の5はラガードでパソコンに対する関心が低い状況を表しています。

2 >> 調査結果を分析する

◆ 集計結果

　パソコンの習熟度別の分布は以下の通りです（図表 C1-3）。

　1. 非常に詳しく、プログラムを自分で組めるを【イノベーター】、2. 一目置かれるぐらい詳しく、人からよく相談されるを【アーリーアダプター】、3. 基礎的な知識はほとんど身につけており、関心も高いを【アーリーマジョリティ】、4. よく利用しているが、あまり詳しいことはわからないを【レイトマジョリティ】、5. たまに使う程度で、あまり詳しいことはわからないを【ラガード】として読み替えてみましょう。

　イノベーターはほぼ同割合ですが、アーリーアダプターの構成比が低く、アーリーマジョリティ、レイトマジョリティの構成比が高く、ラガードの構成比が低いという状況です。全体的に普及が進んでおり、ロジャーズのモデルからは、マジョリティレベルが高まっていることがわかります。パソコンが本格的に普及しだしたウィンドウズ95が発売されてから約四半世紀が経過していることを考えると納得できる結果といえます。

図表 C1-3　パソコンの習熟度

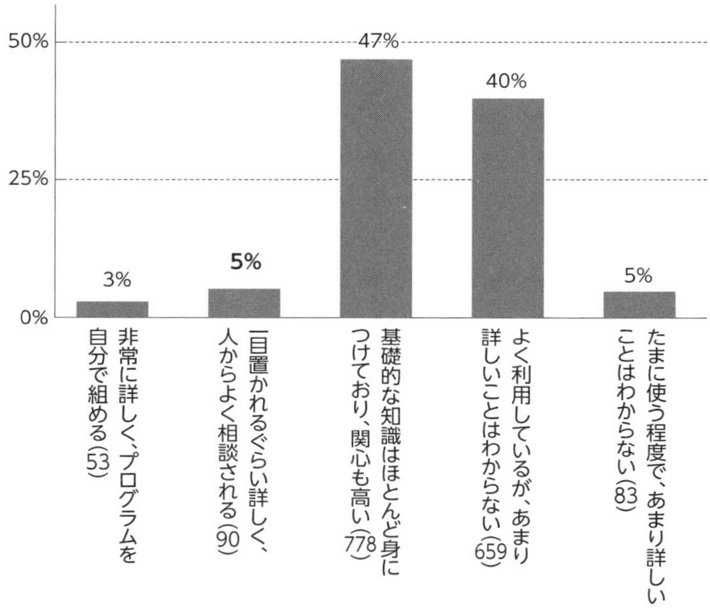
50%
25%
0%
3%
5%
47%
40%
5%
非常に詳しく、プログラムを自分で組める(53)
一目置かれるぐらい詳しく、人からよく相談される(90)
基礎的な知識はほとんど身につけており、関心も高い(778)
よく利用しているが、あまり詳しいことはわからない(659)
たまに使う程度で、あまり詳しいことはわからない(83)

♦ クロス集計

次に各セグメント（イノベーション普及モデル別）とパソコン購入時の情報収集において、人的情報をどの程度取り入れているのかをクロス集計しました（図表 C1-4）。

普及レベルが後ろへ行くほど、人的情報を取り入れていることがわかります。とくにレイトマジョリティの過半数は、店員・販売員の勧めを、40％以上が家族・友人・知人などの口コミを重視しています。

一方でアーリーアダプターは「人からよく相談される」という選択肢ですから、クチコミの発信源であるといえます。従ってアーリーアダプターからマジョリティへと情報が伝達されていると考えられます。

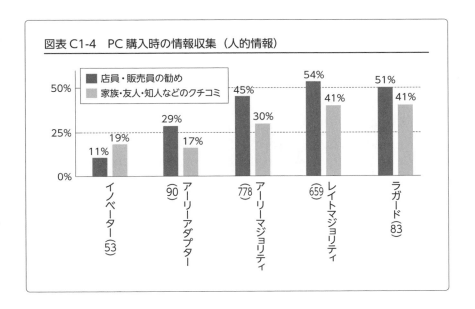

図表 C1-4　PC 購入時の情報収集（人的情報）

- 店員・販売員の勧め
- 家族・友人・知人などのクチコミ

イノベーター（53）：11%、19%
アーリーアダプター（90）：29%、17%
アーリーマジョリティ（778）：45%、30%
レイトマジョリティ（659）：54%、41%
ラガード（83）：51%、41%

◆ 購買特性の分析

　次に訴求内容としてアーリーアダプターの購買特性を見てみましょう。今回調査では、パソコンの購入重視点を 4 段階で聴取しています。それぞれの設問に対して、「1．かなり重視する」「2．重視する」「3．重視しない」「4．全く重視しない」までの選択肢を設けました。

1. 起動速度
2. 処理速度の速さ
3. CPU 性能
4. メモリ容量
5. ストレージ容量（HDD、SSD などにデータを保存できる容量）
6. 高速ストレージの搭載（SSD、SSHD など）
7. グラフィック性能（GPU）
8. 本体のデザイン（色、形状、質感など）
9. 本体のサイズ

10. 本体の薄さ

11. 本体の重量

12. 本体の堅牢性・頑丈さ

13. バッテリ駆動時間

14. 画面の綺麗さ

15. 画面の解像度

16. 光学ドライブ内蔵（DVD、Blu-ray ドライブなど）

17. スピーカーの音質

18. キーボードの打ちやすさ・打鍵感

19. マウス / タッチパッドの使いやすさ

20. Office（Word / Excel / PowerPoint）の搭載

21. OS 標準のものと異なる日本語入力アプリ（Atok など）搭載

22. ウイルス対策アプリ 3 年分が標準搭載

23. パソコンや OS、Office ソフトの使い方が学べるアプリ搭載

24. はがき作成アプリ搭載

25. プログラミング学習アプリ搭載

26. スマホをバックアップできるアプリ搭載

27. メーカーサポート（電話、Web サポート、保証内容や期間、修理対応など）

　これらの質問を使って因子分析を行い、5 つの因子を抽出しました（図表 C1-5）。5 つの因子の累積寄与率は、55.9% です。

　第 1 因子は、各種アプリやサポートの搭載を重視しているので、【アプリ・サポート重視】、

　第 2 因子は、メモリや CPU、処理速度などを重視している【スペック重視】、

　第 3 因子は、重量や薄さ、バッテリー駆動時間などの、【モバイル要素重視】、

　第 4 因子は、画面に関する項目なので、【画面重視】、

第5因子は、キーボード、マウスに関する【キーボードマウス重視】と名付けました。

図表 C1-5　因子分析の結果

検討事項	第1因子	第2因子	第3因子	第4因子	第5因子
パソコンやOS、Officeソフトの使い方が学べるアプリ搭載	0.785	0.040	0.096	0.132	0.005
プログラミング学習アプリ搭載	0.777	0.067	0.058	0.130	− 0.043
はがき作成アプリ搭載	0.766	0.009	0.027	0.114	0.018
ウイルス対策アプリ3年分が標準搭載	0.724	0.035	0.166	0.032	0.121
スマホをバックアップできるアプリ搭載	0.703	0.100	0.203	0.103	0.069
OS標準のものと異なる日本語入力アプリ（Atokなど）搭載	0.595	0.143	0.136	0.100	0.098
メーカーサポート（電話、Webサポート、保証内容や期間、修理対応など）	0.559	0.086	0.162	0.098	0.182
光学ドライブ内蔵（DVD、Blu-rayドライブなど）	0.484	0.233	− 0.106	0.296	0.159
Office（Word / Excel / PowerPoint）の搭載	0.479	0.119	0.136	− 0.029	0.164
スピーカーの音質	0.446	0.234	0.150	0.417	0.195
メモリ容量	0.038	0.752	0.095	0.096	0.090
CPU性能	− 0.007	0.747	0.043	0.126	0.072
処理速度の速さ	0.028	0.700	0.160	0.035	0.127
ストレージ容量（HDD、SSDなどにデータを保存できる容量）	0.206	0.674	0.116	0.131	0.058
高速ストレージの搭載（SSD、SSHDなど）	0.148	0.667	0.130	0.274	0.010
起動速度	0.154	0.534	0.202	0.090	0.140
グラフィック性能（GPU）	0.193	0.491	0.128	0.459	− 0.013
本体の重量	0.115	0.097	0.868	0.018	0.058
本体の薄さ	0.137	0.131	0.859	0.101	0.036
本体のサイズ	0.085	0.110	0.731	0.173	0.141
バッテリ駆動時間	0.208	0.221	0.562	0.103	0.172
本体のデザイン（色、形状、質感など）	0.196	0.177	0.452	0.369	0.083
本体の堅牢性・頑丈さ	0.239	0.263	0.447	0.230	0.206
画面の解像度	0.175	0.295	0.223	0.729	0.197
画面の綺麗さ	0.190	0.250	0.284	0.702	0.230
キーボードの打ちやすさ・打鍵感	0.242	0.236	0.258	0.247	0.728
マウス/タッチパッドの使いやすさ	0.284	0.206	0.270	0.239	0.693

因子抽出法: 主因子法　　回転法: Kaiser の正規化を伴うバリマックス法
a 5回の反復で回転が収束しました。

◆ セグメント別の購入重視点

　これら5つの因子に対して各セグメントがどの程度反応しているのか、因子得点を算出したところ、図表C1-6の結果を得ました。

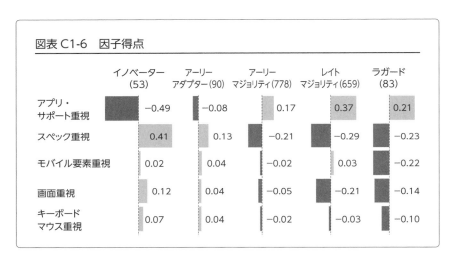

図表 C1-6　因子得点

	イノベーター (53)	アーリーアダプター (90)	アーリーマジョリティ(778)	レイトマジョリティ(659)	ラガード (83)
アプリ・サポート重視		−0.49	−0.08	0.17	0.37	0.21
スペック重視	0.41	0.13	−0.21	−0.29	−0.23
モバイル要素重視	0.02	0.04	−0.02	0.03	−0.22
画面重視	0.12	0.04	−0.05	−0.21	−0.14
キーボードマウス重視	0.07	0.04	−0.02	−0.03	−0.10

　まずイノベーターは、極端にスペック重視をしていて、アーリーマジョリティ以降は、アプリ・サポート重視軸に大きく反応しているのが目につきます。イノベーターは、プロ並みに知識スキルを有するので、スペック重視や画面重視、キーボードマウス重視が高いことも納得できます。

　一方アーリーマジョリティ以降は、パソコン使用時のアプリやサポートに対する関心が高いものの、スペックやモバイル、画面重視に対する関心がマイナスであり、極端に低いことがわかります。

　それらに対してアーリーアダプターは特徴を見出すことが困難です。イノベーター程、スペック重視は高くないもののプラスに反応し、モバイルや画面、キーボードに対する重視度合いもプラスに反応しています。着目すべきは因子得点の大きさです。プラスの反応をしているものの重視度合いが低いのは、機能面に対する知識が低い、もしくは関心が低いことが要因として考えられます。アーリーアダプターの特性を理解する

と、機能的なスペックよりも、ベネフィット（その機能によって何ができるか、どのようなメリットがあるか）に反応する傾向があります。アーリーアダプターにスペックや機能の高さによって可能になるベネフィットをインプットさせて、アーリーマジョリティ以降のセグメントに伝播させていくことが肝要と考えられます。

◆ パソコン使用ニーズを分析する

　そのひとつとして、パソコン使用に関するニーズに対するクロス集計をみてみましょう（図表 C1-7）。

　アーリアダプターは、5つのセグメントの中で、最も使用状況が多様であることがわかります。イノベーターは外出時に対するニーズが突出していますが、それ以外は然程高率ではありません。アーリーマジョリティはアーリーアダプターとほぼ同様の傾向が見られますが、外出時のニーズが然程高くありません。レイトマジョリティは、ラガード程ではないものの、使用ニーズが貧困です。アーリーアダプターによる使用方法の喚起をすることで、パソコン需要を高めることが期待できます。

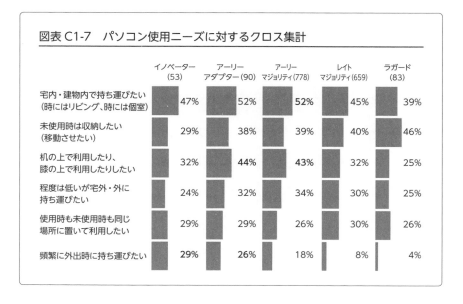

図表 C1-7　パソコン使用ニーズに対するクロス集計

	イノベーター (53)	アーリーアダプター (90)	アーリーマジョリティ (778)	レイトマジョリティ (659)	ラガード (83)
宅内・建物内で持ち運びたい（時にはリビング、時には個室）	47%	52%	52%	45%	39%
未使用時は収納したい（移動させたい）	29%	38%	39%	40%	46%
机の上で利用したり、膝の上で利用したりしたい	32%	44%	43%	32%	25%
程度は低いが宅外・外に持ち運びたい	24%	32%	34%	30%	25%
使用時も未使用時も同じ場所に置いて利用したい	29%	29%	26%	30%	26%
頻繁に外出時に持ち運びたい	29%	26%	18%	8%	4%

図表C1-8 は、アーリーアダプターとレイトマジョリティの使用ニーズをプロットした散布図です。対角線よりも左上にくるニーズはアーリーアダプターの方が特徴的に高い項目です。その中でも、「机の上や、膝の上で利用したい」や「宅内・建物内で持ち運びたい」はアーリーアダプターのパソコン使用の特徴を表しているものといえます。また割合は高くないものの、「頻繁に外出時に持ち運びたい」というニーズはレイトマジョリティよりも 20 ポイント近く高いニーズであることがわかります。

　パソコンを宅内や外出時に持ち出して使用するシーンの提案が有効であると考えられます。

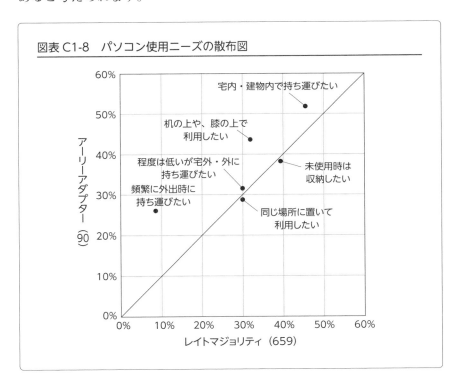

図表C1-8　パソコン使用ニーズの散布図

◆ パソコン使用場所の分析

　質問項目は、次の各場所でどの程度パソコンを使用していますか？として、選択肢は「1. ほぼ毎日利用」「2. 週に数回程度」「3. 月に数回程度」「4. 年に数回以下」「5. 利用したことがない」としています。

1. 自宅のリビング・ダイニング
2. 自宅の自室・寝室・個室
3. 会社や学校のデスク・机
4. 会社の会議室やミーティングコーナー
5. 出先の自社以外の会社
6. カフェやファミリーレストランなどの飲食店
7. 図書館やコワーキングスペース
8. 出張時のホテルなど
9. 交通機関での移動中（飛行機や新幹線など）

　これらの結果に対して、以下の基準でウエイトをかけて平均値を算出しました（図表 C1-9）。

図表 C1-9　ウエイトの計算ロジック

選択肢	ウエイト	計算式	備考
かなり利用している（ほぼ毎日利用している）	286	5.5回×52週	週4-7回程度で5.5回
まあまあ利用している（週に数回程度）	130	2.5回×52週	週2-3回で2.5回
あまり利用していない（月に数回程度）	36	3回×12か月	週1回〜月1回で3回
全く利用していない（年に数回以下）	1.5	1.5回×1年	年間0〜3回で1.5回
利用したことがない	0		

図表 C1-10 は、アーリーアダプターとレイトマジョリティのパソコン使用場所をプロットした散布図です。対角線よりも左上にくるニーズがほとんどです。両者の差が最も大きいのは、「自室・寝室・個室」です。宅内でパソコンを移動させていることがわかります。そして会社や学校、カフェ・ファミレスにも持ち込んで利用しているのです。こうした多様な使用方法と使用シーンを訴求していくことが有効と考えられます。

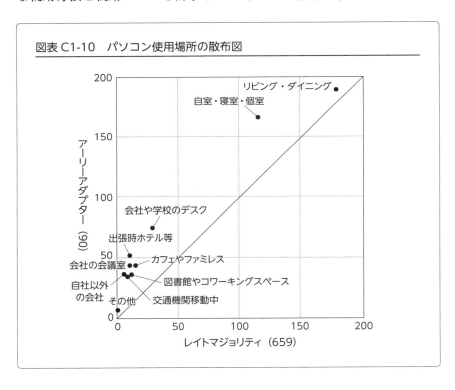

図表 C1-10　パソコン使用場所の散布図

◆ パソコン購入時の情報収集

最後にパソコンの情報源です（図表 C1-11）。アーリーアダプターとレイトマジョリティを比較して、アーリーアダプターとレイトマジョリティの差異の高い項目として、「パソコン専門雑誌の記事／広告」、「企業以外のインターネットサイト（ポータル系）」「企業・ブランドのインターネッ

トサイト」が挙げられます。レイトマジョリティはパソコン購入に際して、専門雑誌を読んだり、ネット検索したりすることがないようです。これらの媒体はアーリーアダプターがよく見ている情報といえます。それらの媒体を使用して、使用方法や使用シーンにマッチしたパソコンライフの提案を訴求することでマジョリティへの伝播が期待できます。

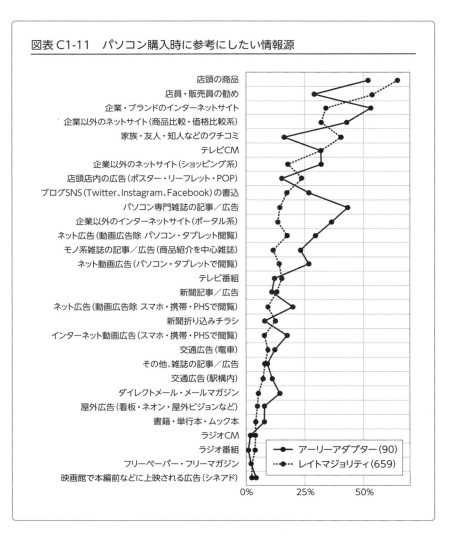

図表 C1-11　パソコン購入時に参考にしたい情報源

3 ›› まとめ

- パソコン購入にもイノベーション理論があてはまる
- アーリーアダプターがマジョリティへ情報を伝播している
- アーリーアダプターはスペックよりもベネフィットや使用場所に関心が高いと考えられる
- 宅内や外出時に持ち出して使用するシーンの提案が有効であると考えられる
- 価値を伝達する媒体は、企業以外のネットサイトやPCブランドのサイトが有効と考えられる

Case 2

新商品コンセプト
受容性テスト

1 » コンセプト受容性を適切に測るための手順

　2番目のケースは、菓子メーカーの新商品コンセプトの受容調査です。
　ターゲットとする顧客のニーズにマッチした商品コンセプトであるの
か、アンケート調査で検証します。

◆ コンセプト受容性の要点

　コンセプトが受容されるかどうか、3つの観点から検証していきます。
　①魅力度、②新規性、③購入意向です。メーカーとして一番知りたい
のは購入意向ですが、中には魅力は高いが購入しない（購入できない）
というケースもあるので、①魅力度の把握も必要です。また購入意向が
高くても、売場で新規性が訴求できなければ既存商品に埋没して実際の
購買に結び付かないというリスクもあります。そのため②新規性がある
かどうかも検証項目として必要です。
　もう1点受容性テストでアンケート調査実施前に検討しておかなけれ
ばならないのは**ターゲットの明確化**です。現代はデフレ時代で様々な商
品でモノ余り状態になっています。全てのお客様に商品を提供すること
は事実上困難です。そこで自社商品の価値を最も高く評価し、リピート
購入してくれるお客様をターゲットとして設定することが必要です。
　上記2点を念頭において新商品コンセプトの受容性テストを行います。

◆ 商品コンセプトの確認

　まず検証すべき商品のコンセプトを確認しましょう。
　事例の会社では、30 〜 50 代の子供がいる共働き世帯の妻をターゲッ
トとして、子供のおやつとしてのお菓子を新商品として提供しようと考
えています。
　オープンデータやこれまでのマーケティングリサーチで得られた知見

をもとにして、共働き妻のお菓子に対するニーズを仮説として設定し、そうしたニーズを解消する商品のアイデアをまとめました。

①ターゲット

・子供がいる共働き世帯の30～50代の妻

・菓子に対する関与が高く、子供の食事や栄養に配慮している人

②ニーズ仮説

・自分がいない時間でも子供にはきちんと栄養補給させたい

・そのまま食べても、少し手を加えてもおいしくいただける菓子を子供に与えたい

・摂取することによる効能や効果的な摂取方法をわかった上で、必要な栄養素を摂取させたい

③新商品の概要

・冷やしておいしいビタミンゼリー（目が冴えるビタミンA／疲労回復ビタミンB1／骨が強くなるカルシウム）

・部活応援隊！ビタミンB1で疲労回復、チョコピーナッツバー

・手軽にビタミン補給スムージーの素（豆乳や牛乳と混ぜて美味しくいただく）

④ベネフィット

　【親のベネフィット】自分がいない間でも安心して、子供の栄養バランスを整えることができる。

　【子供のベネフィット】おいしいお菓子を食べるだけで、偏りがちな食生活を補足し丈夫な身体をつくることができる。

　これらはあくまで仮説なので、まずターゲットにこうした②ニーズが存在するのか検証します。そしてニーズを解決できると考えた③新商品が受け入れられるかをアンケート調査で検証していきます。

◆ 分析計画を作成する

図表 C2-1　分析計画

検討事項	分析内容
Who （ターゲット詳細）	有職主婦（30歳〜59歳）の中に、菓子に対する関与が高く、子供の食事や栄養に配慮しているセグメントが存在するかどうか
What （分析課題）	ニーズ仮説の検証、商品概要の受容性
How （検証方法）	お菓子に対する関与と子供の栄養配慮に関する意識について5段階で聴取し、因子分析によって菓子関与軸と栄養関与軸を設定する。2軸を基準にいくつかのクラスターを抽出する 商品概要の受容性に関して、①魅力度、②新規性、③購入意向の3軸で検証し、それぞれトップボックスで受容性を判断する

◆ ターゲットを導く設問の設計

1. 菓子の新商品が発売されるとすぐに購入する
2. 菓子に対して詳しい。いろいろと知っている
3. 菓子について他人より早く情報を入手する？だ
4. 必要な栄養がとれているか、不安に思うことがある
5. 家族のために健康に気をつけた食事やおやつを心掛けている
6. 忙しいが、仕事と家事・子育て上手くやっていると思う
7. 健康ドリンク、サプリメントなどをよく利用する方だ
8. インターネットで食品を買うことに抵抗はない
9. 食品を購入する際には、安さよりも利便性を重視している
10. 大手メーカーや名の知れたブランドのお菓子は信頼できる

上記10項目について「1. 大変当てはまる」「2. 当てはまる」「3. どちらともいえない」「4. 当てはまらない」「5. 全く当てはまらない」までの5段階で聴取していきます。

◆ ニーズ仮説を検証するための設問設計

1. 自分がいない時間でも子供には、きちんと栄養補給させたい
2. そのまま食べても、少し手を加えてもおいしくいただけるお菓子を子供に与えたい
3. 摂取することによる効能や効果的な摂取方法をわかった上で、必要な栄養素を摂取させたい

関与質問同様に、上記3項目について5段階で聴取していきます。

◆ 商品の「魅力度」を検証するための設問設計

日常、子供に与えるお菓子として以下の商品に対してどの程度、魅力に感じますか

1. 冷やしておいしいビタミンゼリー（目が冴えるビタミンA／疲労回復ビタミンB1／骨が強くなるカルシウム）
2. 部活応援隊！ビタミンB1で疲労回復、チョコピーナッツバー
3. 手軽にビタミン補給スムージーの素（豆乳や牛乳と混ぜて美味しくいただく）

それぞれの商品について「1.　大変魅力に感じる」「2.　魅力に感じる」「3.　どちらともいえない」「4.　魅力に感じない」「5.　全く魅力に感じない」までの5段階で聴取していきます。

◆ 商品の「新規性」を検証するための設問設計

日常、子供に与えるお菓子として以下の商品に対してどの程度、新規性を感じますか

1. 冷やしておいしいビタミンゼリー（目が冴えるビタミンA／疲労回復ビタミンB1／骨が強くなるカルシウム）
2. 部活応援隊！ビタミンB1で疲労回復, チョコピーナッツバー
3. 手軽にビタミン補給スムージーの素（豆乳や牛乳と混ぜて美味しくいただく）

それぞれの商品について「1. とても新しく感じる」「2. 新しく感じる」「3. どちらともいえない」「4. 新しく感じない」「5. 全く新しく感じない」までの5段階で聴取していきます。

◆ 商品の「購入意向」を検証するための設問設計

日常、子供に与えるお菓子として以下の商品に対してどの程度、購入したいと感じますか

1. 冷やしておいしいビタミンゼリー（目が冴えるビタミンA ／疲労回復ビタミンB1 ／骨が強くなるカルシウム）
2. 部活応援隊！ビタミンB1で疲労回復、チョコピーナッツバー
3. 手軽にビタミン補給スムージーの素（豆乳や牛乳と混ぜて美味しくいただく）

それぞれの商品について「1. 是非購入したい」「2. 購入したい」「3. どちらともいえない」「4. 購入したいと思わない」「5. 全く購入したいと思わない」までの5段階で聴取していきます。

2 » ターゲットの抽出と結果の考察

◆ 単純集計の確認

こうした調査項目で得られたアンケート調査の結果は図表C2-2の通りです。まずは新商品の受容性です。最も購入意向が高かったのは、ビタミンゼリーで購入意向が21％です。トップボックスの目標値は20％が一般的ですのでまあまあといったところです。ただ各商品とも一定の評価が得られたものの、突出的に高い評価は残念ながら得られませんでした。

上記結果はあくまでも30代から50代の有職主婦全体における受容性です。当社が狙うターゲットは、菓子に対する関与が高く、子供の食事

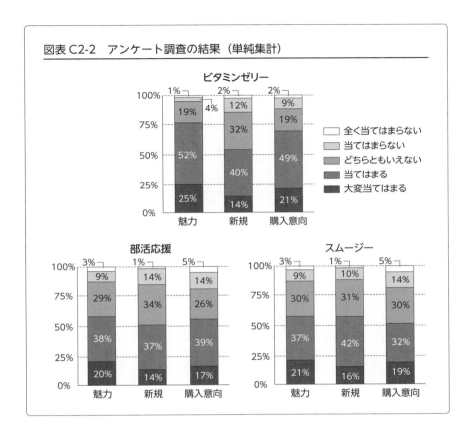

図表 C2-2　アンケート調査の結果（単純集計）

ビタミンゼリー

凡例：
全く当てはまらない
当てはまらない
どちらともいえない
当てはまる
大変当てはまる

部活応援

スムージー

や栄養に配慮している人です。想定したターゲットセグメントを抽出するために、因子分析とクラスター分析を行います。

◆ ターゲットの抽出

【因子分析】

　菓子関与軸と栄養関与軸を導く設問を使って因子分析を行いました。結果は図表 C2-3 の通りで、2 つの因子の累積寄与率は、50.4％です。第 1 因子は、菓子に対する知識や情報収集の高い、【菓子関与】軸。第 2 因子は、家族の健康や栄養に関心の高い【栄養関与】軸といえます。

図表 C2-3　回転後の因子行列 a

	因子	
	第1因子	第2因子
菓子に対して詳しい。いろいろと知っている	0.895	0.325
菓子について他人より早く情報を入手する	0.873	0.329
菓子の新商品が発売されるとすぐに購入する	0.756	0.380
家族のために健康に気をつけた食事やおやつを心掛けている	0.201	0.715
食品を購入する際には、安さよりも利便性を重視している	0.355	0.565
健康ドリンク、サプリメントなどをよく利用する方だ	0.393	0.549
必要な栄養がとれているか、不安に思うことがある	0.226	0.501
忙しいが、仕事と家事・子育て上手くやっていると思う	0.190	0.492
インターネットで食品を買うことに抵抗はない	0.208	0.472
大手メーカーや名の知れたブランドのお菓子は信頼できる	0.196	0.459

因子抽出法: 主因子法　　回転法: Kaiser の正規化を伴うバリマックス法
a 3回の反復で回転が収束しました。

【クラスター分析】

　菓子関与軸と栄養関与軸の因子得点をクラスター分析にかけました。結果として4つのクラスターを抽出することができました (図表 C2-4)。

　クラスター1は、菓子関与、栄養関与ともに低い【低関与】グループです。クラスター2は、菓子関与は低いが、栄養関与は高い【栄養オタク】グループです。クラスター3は、菓子関与、栄養関与ともに高い【ターゲット】グループです。クラスター4は、菓子関与は高いが、栄養関与は低い【菓子ずき】グループです。

　それぞれのクラスターの構成比は、栄養オタクが最も高く、30%です。次いで菓子ずきの28%、さらに27%のターゲットと続きます (図表 C2-5)。

　因子分析とクラスター分析を通して、菓子関与と栄養関与の高い30代〜50代の有職主婦が約3割存在していたことがわかりました。子供のいる共働き世帯の中で一定の市場があることが検証できました。

　さらに情報収集と情報提供という観点からクロス集計するとターゲットクラスターは、情報の拡散機能を有していることがわかります (図表

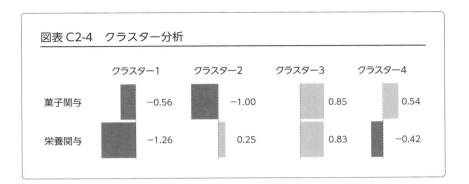

図表 C2-4　クラスター分析

	クラスター1	クラスター2	クラスター3	クラスター4
菓子関与	−0.56	−1.00	0.85	0.54
栄養関与	−1.26	0.25	0.83	−0.42

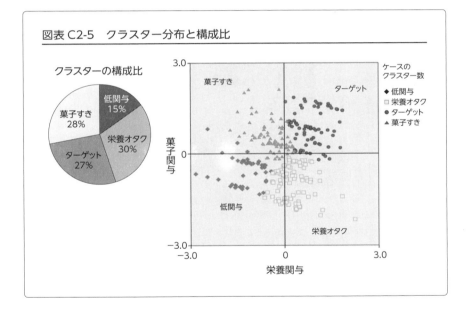

図表 C2-5　クラスター分布と構成比

クラスターの構成比

低関与 15%
菓子すき 28%
栄養オタク 30%
ターゲット 27%

ケースの
クラスター数
◆ 低関与
□ 栄養オタク
● ターゲット
▲ 菓子すき

（縦軸）菓子関与　（横軸）栄養関与

菓子すき　ターゲット
低関与　栄養オタク

C2-6）。

　ターゲットクラスターに対してプロモーション活動を行うことで、
ターゲットクラスターの受容を取り込むことができることに加えて、
ターゲットクラスターをインフルエンサーとして、他のクラスターに拡
散することが可能といえそうです。

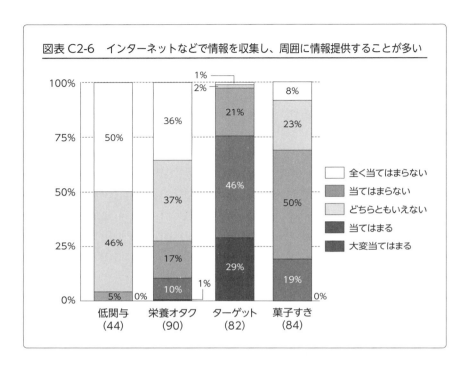

図表 C2-6　インターネットなどで情報を収集し、周囲に情報提供することが多い

凡例:
- 全く当てはまらない
- 当てはまらない
- どちらともいえない
- 当てはまる
- 大変当てはまる

◆ 各クラスターの属性

　ターゲットクラスターの基本属性としては、30 代が 42％と多く、フルタイム勤務は約 6 割です。世帯年収は高めです。750 万円以上で約 7 割、1000 万円以上でも 32％です。金銭的に割合余裕がありますので価値さえ感じていただければ価格的な障壁はすくないことが想定できます（図表 C2-7）。

◆ クラスター別のニーズ分析

　一方ニーズとの関連で、ターゲットクラスターのニーズに対する検証をしてみると、加重平均値で 1.5 を上回っています。特に「自分がいない時間でも子供には、きちんと栄養補給させたい」は高い数値を示しています（図表 C2-8）。一方で「摂取することによる効能や効果的な摂取

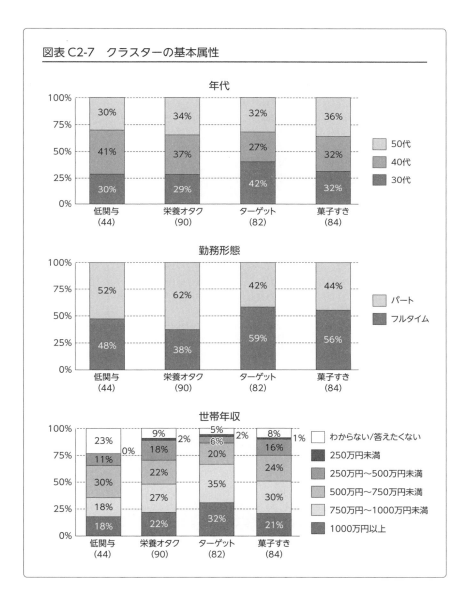

図表 C2-7　クラスターの基本属性

年代

低関与（44）：30代 30%、40代 41%、50代 30%
栄養オタク（90）：30代 29%、40代 37%、50代 34%
ターゲット（82）：30代 42%、40代 27%、50代 32%
菓子すき（84）：30代 32%、40代 32%、50代 36%

勤務形態

低関与（44）：フルタイム 48%、パート 52%
栄養オタク（90）：フルタイム 38%、パート 62%
ターゲット（82）：フルタイム 59%、パート 42%
菓子すき（84）：フルタイム 56%、パート 44%

世帯年収

低関与（44）：1000万円以上 18%、750万円～1000万円未満 18%、500万円～750万円未満 30%、250万円～500万円未満 11%、250万円未満 23%、わからない/答えたくない 0%
栄養オタク（90）：1000万円以上 22%、750万円～1000万円未満 27%、500万円～750万円未満 22%、250万円～500万円未満 18%、250万円未満 9%、わからない/答えたくない 2%
ターゲット（82）：1000万円以上 32%、750万円～1000万円未満 35%、500万円～750万円未満 20%、250万円～500万円未満 6%、250万円未満 5%、わからない/答えたくない 2%
菓子すき（84）：1000万円以上 21%、750万円～1000万円未満 30%、500万円～750万円未満 24%、250万円～500万円未満 16%、250万円未満 8%、わからない/答えたくない 1%

方法をわかった上で、必要な栄養素を摂取させたい」ともありますので、
ターゲットクラスターが情報収集として活用しているインターネット等
を使って情報提供することが有効であると考えられます。

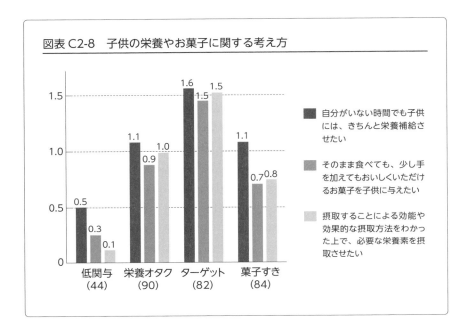

図表 C2-8　子供の栄養やお菓子に関する考え方

凡例:
- 自分がいない時間でも子供には、きちんと栄養補給させたい
- そのまま食べても、少し手を加えてもおいしくいただけるお菓子を子供に与えたい
- 摂取することによる効能や効果的な摂取方法をわかった上で、必要な栄養素を摂取させたい

（得点のつけ方）

「1.　大変当てはまる」に対しては、2点

「2.　当てはまる」に対しては、1点

「3.　どちらともいえない」に対しては、0点

「4.　当てはまらない」に対しては、−1点

「5.　全く当てはまらない」に対しては、−2点

として加重平均値を算出しています。

◆ コンセプトに対する受容性

　最後に新商品コンセプトに対する受容性をクラスター毎に分析してみましょう。ターゲットクラスターの受容性は3つの商品いずれの商品もトップボックスで4割を超えており、受容性が非常に高いことが検証できました（図表 C2-9）。

　ターゲットクラスターに対して、インターネットで価値訴求を行い、

図表 C2-9　クラスター別コンセプト受容性

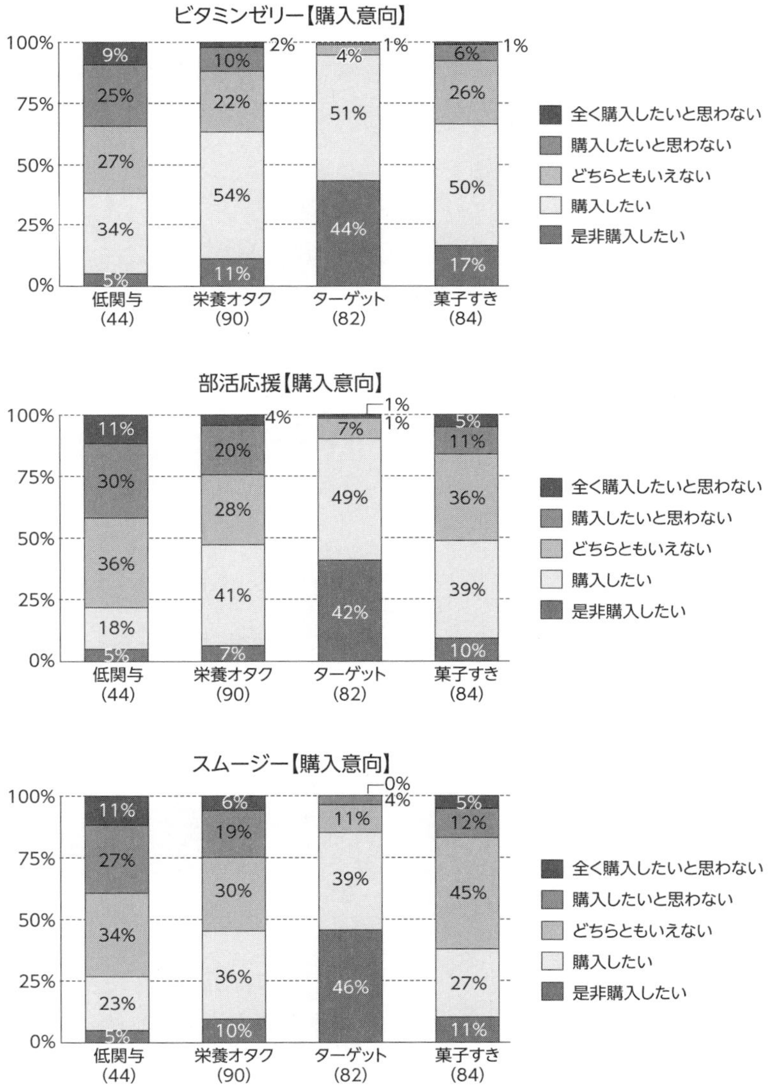

ビタミンゼリー【購入意向】

部活応援【購入意向】

スムージー【購入意向】

凡例：
- 全く購入したいと思わない
- 購入したいと思わない
- どちらともいえない
- 購入したい
- 是非購入したい

トライアルを促すという施策が有効であると考えられます。ターゲットクラスターを起点として口コミを誘発する施策を展開することで他のクラスターにも波及されることが期待できます。

　概ね想定通りの結果でしたが、あえて３つの商品の優先順位を考えてみると、ビタミンゼリーかスムージーの購入意向が高く、いずれかの商品をメインに開発していくことが賢明と考えられます。ビタミンゼリーは３商品の中で、魅力は最も高いものの新規性が低く、既存商品に埋没してしまう懸念があります。購入意向も44％とスムージーよりも低率です。スムージーは新規性が高い分購入意向も若干高い結果となっています（図表C2-10）。
　ビタミンゼリー、スムージーともに企画を進め実際の試作品をターゲットクラスターに食べてもらって総合的に判断することが良いでしょう。

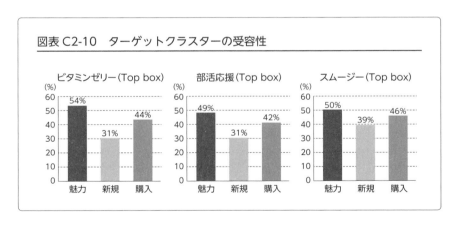

図表C2-10　ターゲットクラスターの受容性

3 >> まとめ

- 共働き世帯の妻の中でも菓子関与、栄養関与が高い層はターゲットになり得る
- ビタミンゼリーやスムージーの購入意向は非常に高いことがわかった
- ターゲットの特性はフルタイム勤務、世帯年収750万円超が挙げられる
- ターゲットは子供の栄養に関心が高く、お菓子で子供に栄養をとらせたいというニーズが高いことがわかった
- ターゲットに対して試食を交えた再調査を行い最終的な投入商品を検討していくことが望ましい

本章の執筆にあたり、以下の書籍を参考にしました。
蛭川速『社内外に眠るデータをどう活かすか　データに意味を見出す着眼点』（宣伝会議）

「会社へのロイヤルティ
要素」の探索調査

3番目のケースは、ビジネスパーソンの会社へのロイヤルティに関する意識調査です。組織人事コンサルティング会社のtantavivaのミッションは、「人とビジネスのいきいきをデザインする」です。当社では会社大好き社員（会社のファン）が増えれば、ビジネスに勢いがつくと考えています。今般「会社のファン」についてアンケート調査を実施して会社ファンについて具体的に探索してみました。

1 ›› 因子分析から会社へのロイヤルティ要素を探索する

◆ 会社ファン度を測る設問の設計

　これまでの経験を活かして社員のどのような意識や行動が会社に対するロイヤルティを構成するのかを整理して10の設問を作成しました。
1. 会社がよくなって欲しい
2. 今の会社に勤務していることを誇りに思う
3. 会社の良いところを知人に伝えたい
4. 自分の会社が好きだ
5. 会社の商品・サービスが好きだ
6. 私は会社に満足している
7. 一緒に働く仲間が好きだ
8. 会社の将来が不安だ
9. 会社のお客さんの喜ぶ顔が見たい
10. 会社に行けると思うとワクワクする
　　（それぞれ大変当てはまる〜全く当てはまらないまでの5つの選択肢の中から回答いただきました）

◆ 会社ファン度の分析：因子分析

　会社大好き社員（会社のファン）を測る設問10問を使って因子分析

を行いました。結果は図表C3-1の通りです。2つの因子の累積寄与率は、57.0%です。

図表 C3-1　回転後の因子行列

	第1因子	第2因子
私は会社に満足している	0.880	−0.166
今の会社に勤務していることを誇りに思う	0.856	−0.002
会社に行けると思うとワクワクする	0.783	−0.137
自分の会社が好きだ	0.764	0.132
会社の良いところを知人に伝えたい	0.666	0.128
会社の商品・サービスが好きだ	0.579	0.246
会社がよくなって欲しい	−0.133	0.764
会社のお客さんの喜ぶ顔が見たい	−0.023	0.733
一緒に働く仲間が好きだ	0.308	0.413

因子抽出法: 主因子法　　回転法: Kaiser の正規化を伴うプロマックス法
a 3回の反復で回転が収束しました。

第1因子は、6項目で構成されていて会社に対する誇りや満足している状況を示す項目の因子負荷量が高いので「会社への誇りと満足」因子とネーミングしました。

第2因子は3項目で構成されていて会社やお客さん、仲間などに対する"思い"の項目が高い因子負荷量を示していますので、「仲間との協働によるお客様の喜び実現」因子とネーミングしました。

ちなみに設問8「会社の将来が不安だ」は、2つの因子に共通して因子負荷量0.4を超えたので分析から除外しています。

2 » 会社ファン度に影響を与える要因の分析：重回帰分析

次に、どうすれば「会社への誇りと満足」が高まるのか重回帰分析を行いました（図表C3-2）。目的変数には、会社ファン度を示す2つの因子を、説明変数には、理念浸透や心理的安全性などの組織行動に関わる

ビジネスパーソンの意識や行動に関する因子を使用しました。

①会社への誇りと満足

「会社への誇りと満足」には、4つの因子が有意な正の影響を与えていました。特に偏回帰係数の高い「成長と多様性の尊重」や「理念浸透の実現」は、会社への誇りと満足を高める上で重要な要素と考えられます。社員を尊重し、社員の成長を優先する企業文化の醸成と、経営理念によって進むべき方向性が共有されている状態を実現することによって会社への誇りと満足を高めることが可能であると考えられます。

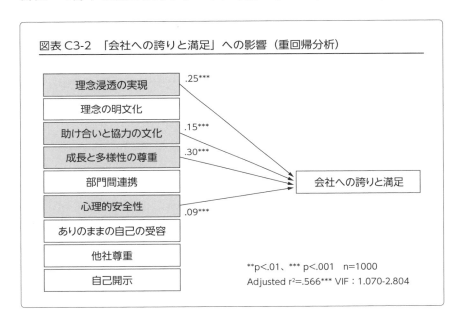

図表 C3-2 「会社への誇りと満足」への影響（重回帰分析）

理念浸透の実現 .25***
理念の明文化
助け合いと協力の文化 .15***
成長と多様性の尊重 .30***
部門間連携
心理的安全性 .09***
ありのままの自己の受容
他社尊重
自己開示

会社への誇りと満足

p<.01、* p<.001　n=1000
Adjusted r²=.566*** VIF：1.070-2.804

　各因子を構成する質問は以下の通りです。

【理念浸透の実現】

私の会社では、社員ひとり1人が経営理念を理解している

私の会社では、社員が経営理念を自分の言葉で語ることができる

私の会社では、社員が経営理念を大切に思っている

私の会社では、社員は経営理念を説明できる

私の会社では、社員が経営理念に基づいた行動をしている

私の会社では、社員は経営理念を良く知っている

私の会社では、経営理念に関する共通認識がある

私の会社では、経営理念に基づく行動が評価される

私の会社では、経営理念に基づいた行動が重要視されている

（信頼性係数：0.94）

【理念の明文化】

私の会社には、経営理念がある

私の会社の経営理念は、明文化されている

（信頼性係数：0.82）

【助け合いと協力の文化】

私の会社では、困った時に助け合える関係性がある

私の会社では、社員がお互いに信頼しあっている

私の会社では、社員がお互いに良いところを認め合っている

私の会社では、社員が助け合っている

私の会社では、社員が業務遂行を協力して行っている

私の会社では、社員がお互いにざっくばらんに話すことができる

私の会社では、わからないことがあったら気軽に聞くことができる

私の会社では、上司と部下の仲が良い

（信頼性係数：0.92）

【成長と多様性の尊重】

私の会社では、社員の成長を最優先にする文化がある

私の会社では、管理職は部下を尊重して接している

私の会社では、管理職は部下の成長のために適切に助言している

私の会社では、年齢、国籍、性別に関係なく昇進すべき人が昇進している

私の会社では、成果を出した人が適切に処遇されている

私の会社では、多様な働き方が認められている

私の会社では、多様な人を受け入れる文化がある

（信頼性係数：0.89）

【部門間連携】

私の会社では、他部門との交流が活発である

私の会社では、組織の枠を超えて協力しあうことが多い

私の会社では、社員が他部門の仕事を理解している

私の会社では、社員がお互いに他部門が何をしているか知っている

私の会社では、他部門の上長とも気軽に話せる

私の会社では、部門長同士が話し合う機会が多い

（信頼性係数：0.89）

【心理的安全性】（先行指標）

この職場でミスをすると、しばしば非難される

この職場のメンバーは、問題や困難な課題について指摘できる

この職場の人は、時々、他者が異質であることを受け入れない

この職場では、安心してリスクを取れる

この職場の他のメンバーに、助けを求めることは難しい

この職場では、私の努力がわざと低く取り扱われてしまうことはない

この職場の業務遂行において、私のスキルと才能は価値があり活用されている

【ありのままの自己の受容】

私は、自分の良心に従って行動するようにしている

私は、職場の同調圧力に負けない

私の行動は、自分の価値観を反映している

私は、自分が失敗したときは、率直にそれを認める

私は、自分に反対する人の考えも良く聞く

私は、自分自身の感情を受け入れている

私は、自分の強みを3つ挙げることができる

私は、他人の前で失敗を隠さない

私は、自身の弱みを3つ挙げることができる

（信頼性係数：0.86）

【他者尊重】

私は、意思決定する前に、他者の意見を求める

私は、意思決定する前に、他者の考えを注意深く聞くようにしている

私は、他の人に負担をかけてまで自分の意見を主張することはしない

（信頼性係数：0.62）

【自己開示】

私は、自分がどのような人間か、他人に知らせるようにしている

私は、自分がどのような人間か、他者からフィードバックを求める

私は、自分の感情を他人に隠さない

私は、意見が対立しているような課題において私がどのような意見をもっているか他の人は知っている

（信頼性係数：0.66）

②仲間との協働によるお客様の喜び実現

「仲間との協働によるお客様の喜び実現」には、4つの因子が有意な正の影響を与えていました（図表C3-3）。

特に偏回帰係数の高い「助け合いと協力の文化」や「ありのままの自己の受容」は、重要な要素と考えられます。

社員同士が助け合い協力できる組織文化を構築し、社員個々人のあり

のままの行動を許容することによって仲間との協働によるお客様の喜び
を実現することができると考えられます。

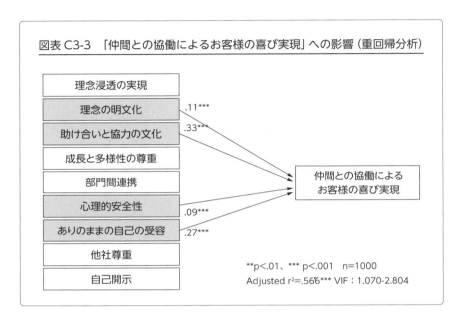

図表 C3-3 「仲間との協働によるお客様の喜び実現」への影響（重回帰分析）

3 » まとめ

- 因子分析を行い、会社ファン度を測る因子として「会社への誇りと満足」「仲間との協働によるお客様の喜び実現」の2つを発見した。
- 会社ファン度を測る2つの因子が、社員のどのような意識や行動と関連するのかを分析するために重回帰分析を行った。
- 「会社への誇りと満足」を高めるためには、成長と多様性の尊重や、理念浸透の実現が有効と考えられる。
- 「仲間との協働によるお客様の喜び実現」を高めるためには、助け合いと協力の文化や、ありのままの自己の受容が有効と考えられる。

報告書の例

サマリー

1

1. 仮説

- BtoB企業の中で、高業績の企業は、マーケティング志向の企業が多い。
- 企業環境の変化に適応したＳＴＰを設定、事業展開している。

2. 結論

- 企業業績を高めるポイントは、差別化による価格競争からの脱却にある。
- ターゲットを明確に設定し、顧客ニーズを捉えた商品サービスの企画が不可欠となる。
- そのためにマーケティングに裏打ちされた製品設計力を高めることが求められている。

3. 根拠

テーマ	設問	増収増益	減収減益
経営課題	コストダウン要請が激しくなった顧客が増加	54%	73%
市場課題	製品差別化が困難で価格競争が激化	44%	60%
新商品新市場	競合優位性のある新商品が開発できていない	29%	49%
	付加価値の高い商品企画ができていない	28%	47%
競争力の源泉	基礎技術の研究開発力	28%	16%
	製品設計力	22%	9%
	マーケティング力	22%	9%
マーケティング取組	ターゲットとなる顧客セグメントを設定	40%	25%
	顧客ニーズを捉えた商品企画がなされている	24%	9%

分析結果　経営環境の課題

2

- これまでの長期固定的な安定した事業展開が、崩壊しつつある厳しい状況にある。
- 増収増益グループは、非価格面での競合優位性を構築できている。

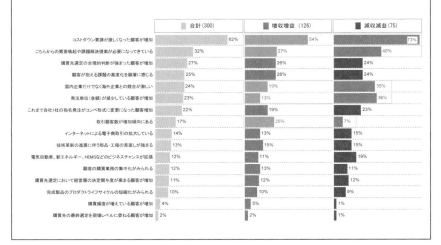

	合計 (300)	増収増益 (126)	減収減益 (75)
コストダウン要請が激しくなった顧客が増加	62%	54%	73%
こちらからの需要喚起や課題解決提案が必要になってきている	32%	27%	40%
購買先選定の合理的判断が強まった顧客が増加	27%	26%	24%
顧客が抱える課題の高度化を顕著に感じる	25%	26%	24%
国内企業だけでなく海外企業との競合が激しい	24%	19%	35%
発注単位（金額）が減少している顧客が増加	23%	13%	36%
これまで自社1社の指名発注がコンペ形式に変更になった顧客増加	22%	19%	23%
取引顧客数が増加傾向にある	17%	25%	7%
インターネットによる電子商取引の拡大している	14%	13%	15%
技術革新の進展に伴う部品・工程の見直しが強まる	13%	15%	15%
電気自動車、新エネルギー、HEMSなどのビジネスチャンスが拡張	12%	11%	19%
顧客の購買業務の集中化がみられる	12%	13%	11%
購買先選定において経営層の決定関与度が高まる顧客が増加	11%	12%	12%
完成製品のプロダクトライフサイクルの短縮化がみられる	10%	10%	9%
購買頻度が増えている顧客が増加	4%	5%	1%
購買先の最終選定を現場レベルに委ねる顧客が増加	2%	2%	1%

分析結果　現市場での課題　　　3

■ コモディティ化が進展するなかで新規顧客開拓が滞っている状況。
■ 現場での営業力の強化が減収減益グループの課題。

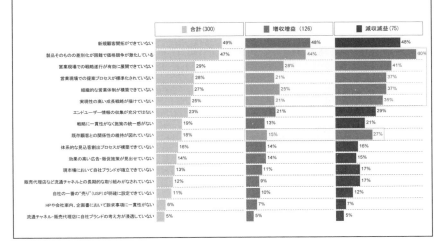

分析結果　新商品新市場関連の課題　　　4

■ 潜在ニーズを抽出できず、付加価値の高い商品企画ができていない。
■ 減収減益グループの課題として商品企画が大きな課題

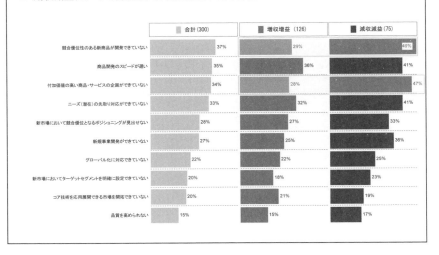

分析結果　競争力の源泉

- 企画提案、財務体質、研究開発など組織力を競争力の源泉としている企業が多い。
- 増収増益グループは、マーケティングに裏打ちされた製品設計力が強みと考えられる。

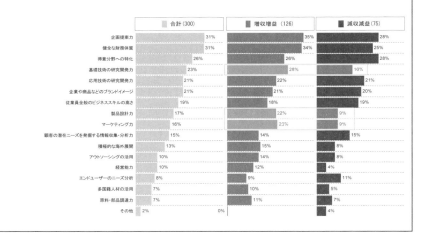

	合計(300)	増収増益(126)	減収減益(75)
企画提案力	31%	35%	28%
健全な財務体質	31%	34%	25%
得意分野への特化	26%	26%	28%
基礎技術の研究開発力	23%	28%	16%
応用技術の研究開発力	21%	22%	21%
企業や商品などのブランドイメージ	21%	21%	20%
従業員全般のビジネススキルの高さ	19%	18%	19%
製品設計力	17%	22%	9%
マーケティング力	16%	23%	9%
顧客の潜在ニーズを発掘する情報収集・分析力	15%	14%	15%
積極的な海外展開	13%	15%	8%
アウトソーシングの活用	10%	14%	8%
経営能力	10%	12%	4%
エンドユーザーのニーズ分析	8%	9%	11%
多国籍人材の活用	7%	10%	5%
原料・部品調達力	7%	11%	7%
その他	2%	0%	4%

分析結果　マーケティングに対する取組

- セグメンテーション、ターゲティング、ポジショニングの基本を実践している企業が多い。
- 増収増益グループはターゲットを明確に設定することで、顧客ニーズを捉えた商品サービスの企画を実現している。

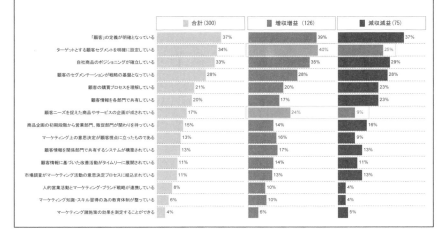

	合計(300)	増収増益(126)	減収減益(75)
「顧客」の定義が明確となっている	37%	39%	37%
ターゲットとする顧客セグメントを明確に設定している	34%	40%	25%
自社商品のポジショニングが確立している	33%	35%	29%
顧客のセグメンテーションが戦略の基盤となっている	28%	28%	28%
顧客の購買プロセスを理解している	21%	20%	23%
顧客情報を各部門で共有している	20%	17%	23%
顧客ニーズを捉えた商品やサービスの企画が成されている	17%	24%	9%
商品企画の初期段階から営業部門、販促部門が関わりを持っている	15%	14%	16%
マーケティング上の意思決定が顧客視点に立ったものである	13%	16%	9%
顧客情報を関係部門で共有するシステムが構築されている	13%	17%	13%
顧客情報に基づいた改善活動がタイムリーに展開されている	11%	14%	11%
市場調査がマーケティング活動の意思決定プロセスに組込まれている	11%	13%	13%
人的営業活動とマーケティング・ブランド戦略が連携している	8%	10%	4%
マーケティング知識・スキル習得の為の教育体制が整っている	6%	10%	4%
マーケティング諸施策の効果を測定することができる	4%	6%	5%

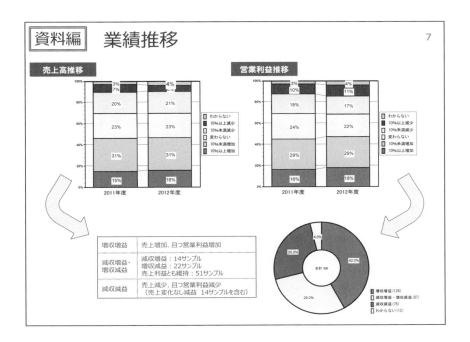

資料編　業績推移

7

売上高推移

営業利益推移

増収増益	売上増加、且つ営業利益増加
減収増益・増収減益	減収増益：14サンプル 増収減益：22サンプル 売上利益とも維持：51サンプル
減収減益	売上減少、且つ営業利益減少 （売上変化なし減益　14サンプルを含む）

■ 増収増益(126)
■ 減収増益・増収減益(87)
■ 減収減益(75)
□ わからない(12)

資料編　調査属性

8

		合計(300)	増収増益（126）	減収減益(75)
売上規模	100～250億円未満	22.0%	23.0%	14.7%
	250～500億円未満	20.7%	19.0%	29.3%
	500～750億円未満	7.0%	4.0%	8.0%
	750～1,000億円未満	5.3%	6.3%	5.3%
	1,000～3,000億円未満	12.7%	14.3%	9.3%
	3,000億円以上	32.3%	33.3%	33.3%
	合計	100.0%	100.0%	100.0%
業種	製造業	36.0%	34.1%	44.0%
	販売業（商社）	10.7%	9.5%	9.3%
	サービス業	20.0%	23.0%	16.0%
	製造・販売業	7.0%	5.6%	6.7%
	製造・販売・サービス業	5.7%	6.3%	5.3%
	製造・サービス業	3.0%	4.0%	4.0%
	販売・サービス業	5.0%	7.1%	1.3%
	その他	12.7%	10.3%	13.3%
	合計	100.0%	100.0%	100.0%
扱い商品	工業材料	11.7%	5.6%	18.7%
	建築資材	8.7%	5.6%	9.3%
	食品材料	6.3%	1.6%	8.0%
	医用材料	8.7%	4.8%	9.3%
	電子部品	11.7%	8.7%	14.7%
	自動車部品	12.3%	16.7%	6.7%
	情報関連機器	15.7%	11.9%	18.7%
	精密機械	15.3%	14.3%	17.3%
	業務用消耗品	5.0%	3.2%	4.0%
	用度品	3.7%	3.2%	2.7%
	設備機器	13.7%	8.7%	20.0%
	情報システム	17.0%	15.9%	21.3%
	業務サービス	17.0%	17.5%	12.0%
	その他	17.7%	18.3%	14.7%
	合計	100.0%	100.0%	100.0%

資料編 競合優位な要素

- ■ 「技術力」を自社の強みとする企業が圧倒的に多い。
- ■ 加えて「現場レスポンス」、「ソリューション」、「品質管理」などが続く。

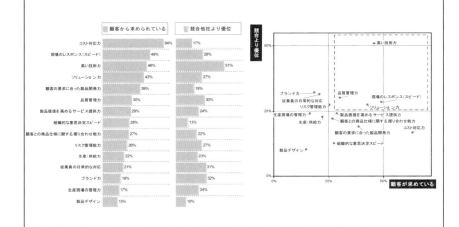

資料編 マーケタースキル

- ■ 増収増益グループは、「自社の強み弱みを明確にするスキル」「顧客ニーズを抽出するスキル」「課題を設定するスキル」に不足感を感じている。
- ■ 減収減益グループは、「自社を巡る外部環境の分析」「顧客特性を把握するスキル」「自社の強み弱みを明確にするスキル」に不足感を感じている

索 引

261

【著者プロフィール】

蛭川 速（ひるかわ・はやと）
はじめに・第1章・第2章・第3章・第8章・第9章・Case1・Case2・Case3執筆

株式会社フォーカスマーケティング代表取締役、中小企業診断士。
1969年生まれ。中央大学商学部卒業後、地方銀行、マーケティング会社を経て2012年より現職。マーケティング部門、企画部門への商品企画や販促企画を中心としたコンサルティング案件に携わる。マーケティング支援経験20年をもとに実務で活かせるマーケティング戦略を提唱。
著書に『マーケティングに役立つ統計の読み方』『基本がわかる実践できるマーケティングの基本教科書』（ともに日本能率協会マネジメントセンター刊）などがある。

吉原 慶（よしはら・けい）
第4章・第5章・第6章・第7章・第10章執筆

株式会社アスマーク　リサーチソリューショングループ　マネージャー（グループ長）。
1984年生まれ。千葉商科大学商学部卒業後、消費財系のマーケティング会社、医療介護系マーケティング会社を経て2016年より現職。
メーカーや広告代理店などで数多くのリサーチ案件に関わり、現在は後進の育成や新たなソリューション開発を担う。
また、事業会社、広告代理店向けのマーケティングリサーチ勉強会の実施や、JMRA主催セミナーの講師を務めるなど、社外活動も積極的にこなす。
「1st Search」「Be Concept」や「ASQ」（ES調査のオリジナルパッケージ）の開発に参画し、現在も複数の新規サービスを開発中。

基本がわかる　実践できる
マーケティングリサーチの手順と使い方 ［定量調査編］

2020年5月20日　初版第1刷発行

著　者——蛭川　速、吉原　慶
　　　　　Ⓒ2020 Hayato Hirukawa, Kei Yoshihara
発行者——張　士洛
発行所——日本能率協会マネジメントセンター
〒103-6009 東京都中央区日本橋2-7-1　東京日本橋タワー
TEL 03 (6362) 4339（編集）／03 (6362) 4558（販売）
FAX 03 (3272) 8128（編集）／03 (3272) 8127（販売）
http://www.jmam.co.jp/

装　　丁——冨澤　崇（EBranch）
本文DTP——株式会社森の印刷屋
印刷・製本——三松堂株式会社

ISBN 978-4-8207-2790-3 C2034
落丁・乱丁はおとりかえします。
PRINTED IN JAPAN

基本がわかる　実践できる
マーケティングの基本教科書

蛭川　速 著

A5判248頁

マーケティングの全体像を掴むための基礎テキスト。マーケティングを実務で活用するプロセスを解説。基本理論とビジネスシーンで活用可能な具体例が満載の一冊！

基本がわかる　実践できる
マーケティングリサーチの手順と使い方
［定性調査編］

石井 栄造 著

A5判212頁

インタビュー調査の際、何に気をつければ効率と精度があがるかを丁寧に解説。実務家の方が使いやすいように、業務オペレーションに従って記述。消費者のホンネを聞き出す定性調査の全体像を把握するための必読の一冊です。

日本能率協会マネジメントセンター